# LE
# BRÉVIAIRE
### DES
# MORALISTES
### FRANÇAIS

*Maximes et Pensées mises en ordre*

PAR HENRI LE BRUN

## PARIS
### LIBRAIRIE ED. SAGOT
18, RUE GUÉNÉGAUD, 18

1887

# PRÉFACE

Les préfaces les plus courtes sont les meilleures, a-t-on dit souvent, et cela est vrai pour le lecteur et pour l'auteur. Soyons donc bref.

Ceci est une compilation de maximes et réflexions, tirées de bonnes sources, et classées dans un ordre que je crois rationnel; c'est, pour ainsi dire, un extrait de la sagesse humaine, d'après les principaux écrivains et moralistes français. Il faut donc lire ce livre à petites doses, et comme on goûte un vin généreux, à petits coups; et puisse chacun y trouver autant de plaisir et de profit que j'en ai eu moi-même à le faire!

Sur ce, salut au lecteur.

# LE BRÉVIAIRE
### DES
# MORALISTES
### FRANÇAIS

*Il a été tiré de cet ouvrage vingt-cinq exemplaires sur papier du Japon.*

PARIS. TYP. DE E. PLON, NOURRIT ET Cie, RUE GARANCIÈRE, 8.

# LE BRÉVIAIRE
### DES
# MORALISTES
### FRANÇAIS

## MAXIMES GÉNÉRALES

Peu de maximes sont vraies à tous égards.
Vauvenargues.

Les moralistes, ainsi que les philosophes qui ont fait des systèmes en physique ou en métaphysique, ont trop généralisé, ont trop multiplié les maximes. Que devient, par exemple, le mot de Tacite : *Neque mulier, amissâ pudicitiâ, alia abnuerit,* après l'exemple de tant de femmes qu'une faiblesse n'a pas empêchées de pratiquer plusieurs vertus ? J'ai vu madame de L..., après une jeunesse peu différente de celle de Manon Lescaut, avoir, dans l'âge mûr, une passion digne d'Héloïse. Mais ces exemples sont d'une morale dangereuse à établir dans les livres. Il faut seulement les observer, afin de n'être pas dupe de la charlatanerie des moralistes.

CHAMFORT.

Les maximes sont à l'intelligence ce que les lois sont aux actions : elles n'éclairent pas, mais elles guident, elles dirigent, elles sauvent aveuglément. C'est le fil dans le labyrinthe, la boussole pendant la nuit.

JOUBERT.

Il arrive d'ordinaire, dans les réflexions des moralistes sur les sentiments, qu'on ne fait que généraliser ses impressions secrètes, et l'histoire de son propre cœur.

SAINTE-BEUVE.

Les maximes des hommes décèlent leur cœur.

VAUVENARGUES.

Il ne faut jamais offrir à l'attention et faire entrer dans la mémoire des hommes de mauvaises maximes bien exprimées.

JOUBERT.

Les maximes de La Rochefoucauld sont les proverbes des gens d'esprit.

Montesquieu.

Il n'y a guère de maximes de morale dont on ne fît un aphorisme de médecine, et réciproquement peu d'aphorismes de médecine dont on ne fît une maxime de morale.

Diderot.

## LA VIE

Il y a un temps où la raison n'est pas encore, où l'on ne vit que par instinct, à la manière des animaux, et dont il ne reste dans la mémoire aucun vestige. Il y a un second temps où la raison se développe, où elle est formée, et où elle pourrait agir, si elle n'était pas obscurcie et comme éteinte par les vices de la complexion et par un enchaînement de passions qui se succèdent les unes aux autres, et conduisent jusqu'au troisième et dernier âge. La raison alors dans sa force devrait produire; mais elle est refroidie et ralentie par les années, par la maladie et la douleur, déconcertée ensuite par le

désordre de la machine qui est dans son déclin ; et ces temps néanmoins sont la vie de l'homme.
La Bruyère.

La fin de la vie est triste, le commencement doit être compté pour rien, et le milieu est presque toujours un orage.
Voltaire.

La vie ressemble à la mer, qui doit ses plus beaux effets aux orages.
Madame de Krudner.

Les hommes commencent par l'amour, finissent par l'ambition, et ne se trouvent dans une assiette plus tranquille que lorsqu'ils meurent.
La Bruyère.

Il en est de la vie comme de nos autres biens ; tout se dissipe quand on pense en avoir un grand fonds : l'économie ne devient exacte que pour ménager le peu qui nous reste.
Saint-Évremond.

Nostre vie est partie en folie, partie en prudence : qui n'en escript que revereement et regulierement, il en laisse en arriere plus de la moitié.
Montaigne.

## LA VIE.

Qui vit sans folie n'est pas si sage qu'il le croit.

La Rochefoucauld.

L'homme qui a le plus vécu n'est pas celui qui a compté le plus d'années, mais celui qui a le plus senti la vie.

J. J. Rousseau.

Qui considérera la vie d'un seul homme y trouvera toute l'histoire du genre humain, que la science et l'expérience n'ont pu rendre bon.

Vauvenargues.

L'homme arrive novice à chaque âge de la vie.

Chamfort.

La vie est courte si elle ne mérite ce nom que lorsqu'elle est agréable, puisque si l'on cousait ensemble toutes les heures que l'on passe avec ce qui plaît, l'on ferait à peine d'un grand nombre d'années une vie de quelques mois.

La Bruyère.

Si nous rêvions toutes les nuits la même chose, elle nous affecterait peut-être autant que les objets que nous voyons tous les jours. Et si un artisan était sûr de rêver toutes les nuits douze heures durant qu'il est roi, je crois qu'il serait presque aussi heureux qu'un roi qui rêverait toutes les nuits douze heures durant qu'il serait artisan. Si nous rêvions toutes les nuits que nous sommes poursuivis par des ennemis et agités par des fantômes pénibles, et qu'on passât tous les jours en diverses occupations, comme quand on fait un voyage, on souffrirait presque autant que si cela était véritable; et on appréhenderait de dormir comme on appréhende le réveil, quand on craint d'entrer en effet dans de tels malheurs. En effet, ces rêves feraient à peu près les mêmes maux que la réalité. Mais parce que les songes sont tous différents et se diversifient, ce qu'on y voit affecte bien moins que ce qu'on voit en veillant, à cause de la continuité, qui n'est pas pourtant si continue et égale qu'elle ne change aussi, mais moins brusquement, si ce n'est rarement, comme quand on voyage; et alors on dit : Il me semble que je rêve; car la vie est un songe un peu moins inconstant.

PASCAL.

C'est assez que d'être.

Madame DE LA FAYETTE.

Un peu de vanité et un peu de volupté, voilà de quoi se compose la vie de la plupart des femmes et des hommes.

JOUBERT.

Somme il fault vivre entre les vivants et laisser la riviere courre soubs le pont, sans nostre soing, ou, à tout le moins, sans nostre alteration.

MONTAIGNE.

## LA MORALE

Il n'y a qu'une morale, comme il n'y a qu'une géométrie; ces deux mots n'ont point de pluriel. La morale est fille de la justice et de la conscience; c'est une religion universelle.

RIVAROL.

Les vrais moralistes sont ceux qui voient les choses comme elles sont, et qui tiennent compte des circonstances sociales ou des exceptions personnelles.

SAINTE-BEUVE.

Nos erreurs et nos divisions, dans la morale, viennent quelquefois de ce que nous considérons les hommes comme s'ils pouvaient être tout à fait vicieux ou tout à fait bons.

VAUVENARGUES.

Les hommes, fripons en détail, sont, en gros, de très-honnêtes gens; ils aiment la morale; et cela se voit admirablement bien sur les théâtres : on est sûr de plaire au peuple par les sentiments que la morale avoue, et on est sûr de le choquer par ceux qu'elle réprouve.

MONTESQUIEU.

Ce qu'il faut éviter en morale, c'est de placer la vertu dans des actes indifférents, comme le jeûne, le cilice, les austérités : tout cela ne peut pas être utile aux autres hommes.

RIVAROL.

Les passions étant toujours les mêmes, les mœurs aussi sont toujours à peu près les mêmes; ce ne sont que les manières qui diffèrent.

SAINTE-BEUVE.

M. de B... était arrivé à ce jour où l'on reconnaît, bon gré, mal gré (dût-on le lendemain tâcher de l'oublier encore), que la morale humaine n'est pas ce que les sages et nobles esprits se la font dans les spéculations de l'étude et du loisir, au haut du cap Sunium ou dans les jardins de l'Académie. C'est un jour amer dans la vie que celui où l'on est contraint de donner raison au fait sur le droit, à Hobbes sur Platon. Quiconque a eu de près affaire à la vie, soit dans l'ordre public, soit même dans l'ordre privé, a connu ce jour-là.

Sainte-Beuve.

L'indifférence où nous sommes pour la vérité dans la morale vient de ce que nous sommes décidés à suivre nos passions, quoi qu'il en puisse être; et c'est ce qui fait que nous n'hésitons pas lorsqu'il faut agir, malgré l'incertitude de nos opinions. Peu m'importe, disent les hommes, de savoir où est la vérité, sachant où est le plaisir.

Vauvenargues.

Ce qui maintient le peu d'honnêteté et de morale publique qui brille encore en ce monde, c'est qu'un coquin ne veut point passer pour tel, et qu'il appelle ainsi un autre coquin comme lui. Tout serait perdu s'il osait dire tout haut : Je suis un coquin. Cette pudeur n'est point hypocrisie.

Rivarol.

J'en ai tiré cette grande maxime de morale, la seule peut-être d'usage dans la pratique, d'éviter les situations qui mettent nos devoirs en opposition avec nos intérêts et qui nous montrent notre bien dans le mal d'autrui; sûr que, dans de telles situations, quelque sincère amour de la vertu qu'on y porte, on faiblit tôt ou tard sans s'en apercevoir, et l'on devient injuste et méchant dans le fait, sans avoir cessé d'être juste et bon dans l'âme.

J. J. Rousseau.

Quand, pour sa droicture, je ne suyvrais le droict chemin, je le suyvrais, pour avoir trouvé, par experience, qu'au bout du compte, c'est communement le plus heureux et plus utile.

Montaigne.

## LE BONHEUR

Quand on veut définir le bonheur, on en est toujours réduit à recourir à des synonymes.

Madame Necker de Saussure.

Le seul être malheureux est celui qui ne peut ni aimer, ni agir, ni mourir.

Madame d'Houdetot.

Le bonheur ou le malheur, et c'est une vérité d'expérience, dépendent presque toujours du caractère, tant pour les individus que pour les peuples.

Rivarol.

Rien n'est plus opposé au bonheur qu'une imagination délicate, vive et trop allumée.

Madame de Lambert.

Le bonheur et le malheur des hommes ne dépendent pas moins de leur humeur que de la fortune.

La Rochefoucauld.

Il y a deux choses auxquelles il faut se faire, sous peine de trouver la vie insupportable : ce sont les injures du temps et les injustices des hommes.

Chamfort.

La félicité est dans le goût et non pas dans les choses; et c'est par avoir ce qu'on aime qu'on est heureux, non par avoir ce que les autres trouvent aimable.

La Rochefoucauld.

Le plus grand avantage pour le bonheur est une espèce d'équilibre entre les idées et les affections, entre l'esprit et le caractère.

Duclos.

Le plus grand secret pour le bonheur, c'est d'être bien avec soi.

Fontenelle.

Ayez un grand intérêt, la plus obscure demeure vous paraîtra un palais, si votre cœur est satisfait : et s'il souffre, s'il est blessé, le palais de Sémiramis et les jardins d'Armide ne vous offriront qu'une triste solitude.

Sénac de Meilhan.

Si l'on voulait n'être qu'heureux, cela serait bientôt fait : mais on veut être plus heureux que les autres, et cela est presque toujours difficile, parce que nous croyons les autres plus heureux qu'ils ne sont.

Montesquieu.

Il n'y a satisfaction çà-bas que pour les ames ou brutales ou divines.

Montaigne.

Il y a des gens qui ont presque de l'amour, presque de la gloire et presque du bonheur.

Madame de Krudner.

Celui qui veut trop faire dépendre son bonheur de sa

raison, qui le soumet à l'examen, qui chicane, pour ainsi dire, ses jouissances, et n'admet que des plaisirs délicats, finit par n'en plus avoir. C'est un homme qui, à force de faire carder son matelas, le voit diminuer, et finit par coucher sur la dure.

Chamfort.

En fait de bonheur, il ne faut pas chercher le pourquoi, ni regarder au comment; le meilleur et le plus sûr est de le prendre comme il vient. Ce n'est que du mal dont il faut rechercher les causes et les moyens, pour arracher l'épine qui nous blesse.

Madame de Choiseul.

Le jour et les heures, à certains moments, comptent plus que, dans le courant ordinaire, les années et les demi-siècles.

Sainte-Beuve.

Les jours les plus heureux sont ceux qui ont une grande matinée et une petite soirée.

Le prince de Ligne.

On a bien de la peine à avoir du plaisir.

Madame du Deffand.

Il faut rire avant que d'être heureux, de peur de mourir sans avoir ri.

La Bruyère.

Il n'y a pour l'homme qu'un vrai malheur, qui est de se trouver en faute, et d'avoir quelque chose à se reprocher.

La Bruyère.

Je défie de trouver dans l'histoire un scélérat, si parfaitement heureux qu'il ait été, dont la vie ne m'offre les plus fortes présomptions d'un malheur proportionné à sa méchanceté; et un homme de bien, si parfaitement malheureux qu'il ait été, dont la vie ne m'offre les plus fortes présomptions d'un bonheur proportionné à sa bonté... La belle tâche que l'histoire inconnue et secrète de ces deux hommes.

Diderot.

Le prétexte ordinaire de ceux qui font le malheur des autres est qu'ils veulent leur bien.

Vauvenargues.

Une seule épine me fait plus de mal que l'odeur de cent roses ne me fait plaisir.

Bernardin de Saint-Pierre.

# LE BONHEUR.

La tourbe des menus maulx offense plus que la violence d'un, pour grand qu'il soit.

MONTAIGNE.

On n'est jamais si heureux ni si malheureux qu'on se l'imagine.

LA ROCHEFOUCAULD.

On est heureux ou malheureux par une foule de choses qui ne paraissent pas, qu'on ne dit point et qu'on ne peut dire.

CHAMFORT.

Le calme ou l'agitation de notre humeur ne dépend pas tant de ce qui nous arrive de plus considérable dans la vie, que d'un arrangement commode ou désagréable de petites choses qui arrivent tous les jours.

LA ROCHEFOUCAULD.

Quand on a été bien tourmenté, bien fatigué par sa propre sensibilité, on s'aperçoit qu'il faut vivre au jour le jour, oublier beaucoup, enfin *éponger la vie* à mesure qu'elle s'écoule.

CHAMFORT.

En général, nous autres hommes, nous nous plaignons trop; nous accusons le sort et la nature, ou la société, comme si toute notre vie se passait à subir le malheur. Et pourtant que de moments faciles et gais, insensiblement heureux, dus au printemps, au soleil de chaque matin ! Que de bons quarts d'heure et même de journées dont on fait son profit et dont on ne parle pas ! On souffre bruyamment, on jouit en silence.

Sainte-Beuve.

Il y a peut-être autant de vérités parmi les hommes que d'erreurs, autant de bonnes qualités que de mauvaises, autant de plaisirs que de peines; mais nous n'accusons que nos maux.

Vauvenargues.

# LE CŒUR

Je sentis avant de penser ; c'est le sort commun de l'humanité.

J. J. Rousseau.

Tous les sentiments ont chacun un ton de voix, des gestes et des mines qui leur sont propres ; et ce rapport bon ou mauvais, agréable ou désagréable, est ce qui fait que les personnes plaisent ou déplaisent.

La Rochefoucauld.

Le sentiment rend insipide tout ce qui n'est pas lui ; c'est là son inconvénient. C'est aussi le grand inconvénient du plaisir ; il dégoûte de la raison.

Joubert.

Les grandes pensées viennent du cœur.

Vauvenargues.

L'esprit ne saurait jouer longtemps le personnage du cœur.

La Rochefoucauld.

La conviction de l'esprit n'entraîne pas toujours celle du cœur.

Vauvenargues.

Il y a des redites pour l'oreille et pour l'esprit ; il n'y en a point pour le cœur.

Chamfort.

On peut aimer de tout son cœur ceux en qui on reconnaît de grands défauts. Il y aurait de l'impertinence à croire que la perfection a seule le droit de nous plaire. Nos faiblesses nous attachent quelquefois les uns aux autres autant que pourrait le faire la vertu.

Vauvenargues.

Le cœur de l'homme est tour à tour un sanctuaire et un cloaque.

Diderot.

Vouloir se passer de tous les hommes et n'être l'obligé de personne est le signe certain d'une âme dépourvue de sensibilité.

Joubert.

# LE CŒUR.

Notre cœur, pour peu qu'il ait eu un jour dans la vie, fixe ou ramène notre sensibilité à une certaine heure, qui est celle qu'on entend volontiers résonner quand on rentre en soi et qu'on rêve.

Sainte-Beuve.

Le cœur a des raisons que la raison ne connaît pas.

Pascal.

Quand nous avons le cœur sain, nous tirons parti de tout, et tout se tourne en plaisirs.

Madame de Lambert.

Quand l'homme commence à raisonner, il cesse de sentir.

J. J. Rousseau.

Il n'est pas vrai (ce qu'a dit Rousseau, après Plutarque) que plus on pense, moins on sente; mais il est vrai que plus on juge, moins on aime. Peu d'hommes vous mettent dans le cas de faire exception à cette règle.

Chamfort.

L'on est plus sociable et d'un meilleur commerce par le cœur que par l'esprit.

La Bruyère.

Quand on soutient que les gens les moins sensibles sont, à tout prendre, les moins heureux, je me rappelle le proverbe indien : « Il vaut mieux être assis que debout, être couché qu'assis; mais il vaut mieux être mort que tout cela. »

Chamfort.

## LES PASSIONS

La source de toutes les passions est la sensibilité; l'imagination détermine leur pente.

J. J. Rousseau.

Par notre idée nous ennoblissons nos passions ou nous les avilissons ; elles s'élèvent ou descendent, selon les cœurs.

Vauvenargues.

On déclame sans fin contre les passions ; on leur impute toutes les peines de l'homme, et l'on oublie qu'elles sont aussi la source de tous ses plaisirs. C'est dans sa constitution un élément dont on ne peut dire ni trop de bien ni trop de mal. Mais ce qui me donne de l'humeur, c'est qu'on ne les regarde jamais que du mauvais côté. On croirait faire injure à la raison si on disait un mot en faveur de ses rivales; cependant, il n'y a que les passions, et les grandes passions, qui puissent élever l'âme aux grandes choses; sans elles, plus de sublime, soit dans les mœurs, soit dans les ouvrages; les beaux-arts retournent en enfance, et la vertu devient minutieuse.

Diderot.

La passion fait souvent un fou du plus habile homme, et rend souvent habiles les plus sots.

La Rochefoucauld.

Quand le cœur s'ouvre aux passions, il s'ouvre à l'ennui de la vie.

J. J. Rousseau.

La plus charmante conversation lasse l'oreille d'un homme occupé de quelque passion.

Vauvenargues.

Les passions nous séparent quelquefois de la société et nous rendent tout l'esprit qui est au monde aussi inutile que nous le devenons nous-mêmes aux plaisirs d'autrui.

Vauvenargues.

Quelque soin que l'on prenne de couvrir ses passions par des apparences de piété et d'honneur, elles paraissent toujours au travers de ces voiles.

La Rochefoucauld.

Le propre de la passion arrivée à son paroxysme est de n'avoir aucun scrupule. Quand la passion est arrivée à ce degré, elle ne marchande plus, elle n'a aucun remords actuel.

Sainte-Beuve.

Rien ne coûte moins à la passion que de se mettre au-dessus de la raison : son grand triomphe est de l'emporter sur l'intérêt.

La Bruyère.

L'absence diminue les médiocres passions, et augmente les grandes, comme le vent éteint les bougies et allume le feu.

La Rochefoucauld.

Si nous résistons à nos passions, c'est plus par leur faiblesse que par notre force.

La Rochefoucauld.

Il ne dépend pas de nous d'avoir ou de n'avoir pas

de passions, mais il dépend de nous de régner sur elles.

J. J. Rousseau.

La durée de nos passions ne dépend pas plus de nous que la durée de notre vie.

La Rochefoucauld.

Il y a dans le cœur humain une génération perpétuelle de passions, en sorte que la ruine de l'une est presque toujours l'établissement d'une autre.

La Rochefoucauld.

Ceux qui ont eu de grandes passions se trouvent toute leur vie heureux et malheureux d'en être guéris.

La Rochefoucauld.

C'est le comble de la folie que de se proposer la ruine des passions. Le beau projet que celui d'un dévot qui se tourmente comme un forcené pour ne rien désirer, ne rien aimer, ne rien sentir, et qui finirait par devenir un vrai monstre s'il réussissait !

Diderot.

Nature procede ainsi, par le benefice de l'inconstance; car le temps, qu'elle nous a donné comme souverain medecin de nos passions, gaigne son effect principalement par là, que, fournissant aultres et aultres affaires à nostre imagination, il desmesle et corrompt cette premiere apprehension, pour forte qu'elle soit.

Montaigne.

## LA RELIGION

La foi est la consolation des misérables et la terreur des heureux.

Vauvenargues.

On ne sait pas assez ce que serait la vie humaine avec une irréligion positive ; les athées vivent à l'ombre de la religion.

Le prince de Ligne.

Il n'est cœur si mol, que le son de nos tambourins et de nos trompettes n'eschauffe, ny si dur, que la doulceur de la musique n'esveille et ne chatouille ; ny ame si revesche, qui ne se sente touchee de quelque reverence, à considerer cette vastité sombre de nos eglises, la diversité d'ornements et ordre de nos ceremonies, et ouïr le son devotieux de nos orgues, et l'harmonie si posee et religieuse de nos voix : ceulx mesmes qui y entrent avecques quelque mespris sentent quelque frisson dans le cœur, et quelque horreur, qui les met en desfiance de leur opinion.

Montaigne.

Le plus sceptique a des moments de croyance superstitieuse, et, sous quelque forme qu'il se présente, le merveilleux trouve toujours une fibre qui tressaille dans le cœur humain.

Mérimée.

Le plus grand de tous les miracles serait que là où il y a des fanatiques persécutés, il n'y eût pas de miracles.

J. J. Rousseau.

La feinte, l'hypocrisie dans la religion sont les seules choses qui doivent être odieuses ; car qui croit de bonne foi, quand il croirait mal, se rend digne d'être plaint, au lieu de mériter qu'on le persécute.

Saint-Évremond.

Il est permis de s'affliger, mais il n'est jamais permis de rire de la religion d'autrui.

Joubert.

Il y a des gens dont il ne faut pas dire qu'ils craignent Dieu, mais bien qu'ils en ont peur.

Diderot.

La superstition est la seule religion dont soient capables les âmes basses.

Joubert.

Il y a beaucoup de gens qui entendent le sermon de la même manière qu'ils entendent vêpres.

Pascal.

Ne peut-on adorer l'Être suprême sans se faire capucin ?

Voltaire.

J'appelle la dévotion une maladie du cœur, qui donne à l'âme une folie dont le caractère est le plus immuable de tous.

Montesquieu.

Je ne treuve aulcune qualité si aysee à contrefaire que la devotion, si on n'y conforme les mœurs et la vie : son essence est abstruse et occulte ; les apparences faciles et trompeuses.

Montaigne.

Rien n'est plus ordinaire que de rencontrer des hommes qui croient en Dieu ou à la Providence, ou qui le disent, et rien n'est plus rare que d'en trouver qui, dans toutes leurs actions et tous leurs jugements, se comportent comme s'ils y croyaient en réalité. On croit à la Providence en gros ; on croit au règne du hasard ou de l'intrigue en détail.

Sainte-Beuve.

La joie intérieure des âmes dévotes vient d'une assurance secrète, qu'elles peuvent avoir, d'être agréables à Dieu ; et les vraies mortifications, les saintes austérités sont d'agréables sacrifices d'elles-mêmes.

Saint-Évremond.

Ceux qui n'ont pas été dévots n'ont jamais eu l'âme assez tendre.

Joubert.

La dévotion trouve pour faire de mauvaises actions des raisons qu'un simple honnête homme ne saurait trouver.

Montesquieu.

Jamais on ne fait le mal si pleinement et si gaiement que quand on le fait par un faux principe de conscience.

Pascal.

La plupart des amis dégoûtent de l'amitié, et la plupart des dévots dégoûtent de la dévotion.

LA ROCHEFOUCAULD.

Un dévot est celui qui, sous un roi athée, serait athée.

LA BRUYÈRE.

La plupart de nos impies ne sont que des dévots révoltés.

RIVAROL.

L'athéisme a aussi ses tartufes.

X.

L'incrédulité a ses enthousiasmes, ainsi que la superstition; et comme l'on voit des dévots qui refusent à Cromwell jusqu'au bon sens, on trouve d'autres hommes qui traitent Pascal et Bossuet de petits esprits.

VAUVENARGUES.

L'impiété est la plus grande des indiscrétions.

RIVAROL.

Il est vrai qu'il n'y a pas de sentiment moins aristocratique que l'incrédulité.

TALLEYRAND.

# LA RELIGION.

On raisonnera toujours sur l'autre monde, mais sauve qui peut dans celui-ci.
VOLTAIRE.

Je ne vois pas assez Dieu pour l'aimer au-dessus de toute chose, et beaucoup trop mon prochain pour l'aimer comme moi-même.
Marquise DE CRÉQUI.

Les vieilles religions ressemblent aux vins vieux, qui échauffent le cœur, mais qui n'enflamment plus la tête.
JOUBERT.

Celui qui, se trouvant à la Mecque, irait insulter aux cendres de Mahomet, renverser ses autels et troubler toute une mosquée, se ferait empaler à coup sûr et ne serait peut-être pas canonisé. Ce zèle n'est plus à la mode. Polyeucte ne serait de nos jours qu'un insensé.
DIDEROT.

Ruineuse instruction à toute police, et bien plus dommageable qu'ingenieuse et subtile, qui persuade aux peuples la religieuse creance suffire seule, et sans les mœurs, à contenter la divine justice! l'usage nous faict veoir une distinction enorme entre la religion et la conscience.
MONTAIGNE.

## L'AMITIE

Je suis amoureux de l'amitié.

MONTESQUIEU.

Il y a un goût dans la pure amitié où ne peuvent atteindre ceux qui sont nés médiocres.

LA BRUYÈRE.

Les hommes les plus extrêmes ne sont pas les plus capables d'une constante amitié. On ne la trouve nulle part si vive et si solide que dans les esprits timides et sérieux, dont l'âme modérée connaît la vertu : car elle soulage leur cœur oppressé sous le mystère et sous le poids du secret, détend leur esprit, l'élargit, les rend plus confiants et plus vifs, se mêle à leurs amusements, à leurs affaires et à leurs plaisirs mystérieux : c'est l'âme de toute leur vie.

VAUVENARGUES.

Le plaisir de la société entre les amis se cultive par une ressemblance de goût sur ce qui regarde les mœurs, et par quelque différence d'opinions sur les sciences; par là, où l'on s'affermit dans ses sentiments, ou l'on s'exerce et l'on s'instruit par la dispute.

La Bruyère.

Les amitiés d'hommes, pour porter tout leur fruit, doivent être comme des greffes de printemps.

Sainte-Beuve.

Les nouveaux amis que nous faisons après un certain âge, et par lesquels nous cherchons à remplacer ceux que nous avons perdus, sont à nos anciens amis ce que les yeux de verre, les dents postiches et les jambes de bois sont aux véritables yeux, aux dents naturelles et aux jambes de chair et d'os.

Chamfort.

L'amitié peut subsister entre des gens de différents sexes, exempte même de toute grossièreté. Une femme cependant regarde toujours un homme comme un homme, et réciproquement un homme regarde une femme comme une femme. Cette liaison n'est ni passion ni amitié pure : elle fait une classe à part.

La Bruyère.

On peut penser assez de mal d'un homme et être tout à fait de ses amis; car nous ne sommes pas si délicats que nous ne puissions aimer que la perfection, et il y a bien des vices qui nous plaisent, même dans autrui.

Vauvenargues.

Il y a peu de vices qui empêchent un homme d'avoir beaucoup d'amis, autant que peuvent le faire de trop grandes qualités.

Chamfort.

Nous aimons toujours ceux qui nous admirent, et nous n'aimons pas toujours ceux que nous admirons.

La Rochefoucauld.

Le plus grand plaisir en amitié est de parler de soi, et cet épanchement provient d'une faiblesse mêlée d'amour-propre.

Sénac de Meilhan.

L'amour-propre nous augmente ou nous diminue les bonnes qualités de nos amis à proportion de la satisfaction que nous avons d'eux; et nous jugeons de leur mérite par la manière dont ils vivent avec nous.

La Rochefoucauld.

Nous pardonnons aisément à nos amis les défauts qui ne nous regardent pas.

La Rochefoucauld.

## L'AMITIÉ.

Nous ne savons pas beaucoup de gré à nos amis d'estimer nos bonnes qualités, s'ils osent seulement s'apercevoir de nos défauts.

VAUVENARGUES.

Nous nous consolons aisément des disgrâces de nos amis lorsqu'elles servent à signaler notre tendresse pour eux.

LA ROCHEFOUCAULD.

Quand nous exagérons la tendresse que nos amis ont pour nous, c'est souvent moins par reconnaissance que par le désir de faire juger de notre mérite.

LA ROCHEFOUCAULD.

La grâce de la nouveauté et la longue habitude, quelque opposées qu'elles soient, nous empêchent également de sentir les défauts de nos amis.

LA ROCHEFOUCAULD.

L'on ne peut aller loin dans l'amitié si l'on n'est pas disposé à se pardonner les uns aux autres les petits défauts.

LA BRUYÈRE.

Le plus grand effort de l'amitié n'est pas de montrer nos défauts à un ami, c'est de lui faire voir les siens.

LA ROCHEFOUCAULD.

Le plus grand écueil pour l'amitié est de donner des conseils.

Madame d'Épinay.

Le rôle de l'homme prévoyant est assez triste; il afflige ses amis, en leur annonçant les malheurs auxquels les expose leur imprudence. On ne le croit pas; et quand ces malheurs sont arrivés, ces mêmes amis lui savent mauvais gré du mal qu'il a prédit, et leur amour-propre baisse les yeux devant l'ami qui doit être leur consolateur, et qu'ils auraient choisi s'ils n'étaient pas humiliés en sa présence.

Chamfort.

On a souvent besoin de force et de prudence pour les opposer à la tyrannie de la plupart de nos amis, qui se font un droit sur notre confiance, et qui veulent tout savoir de nous : on ne doit jamais leur laisser établir ce droit sans exception. Il y a des rencontres et des circonstances qui ne sont pas de leur juridiction; s'ils s'en plaignent, on doit souffrir leurs plaintes, et s'en justifier avec douceur : mais s'ils demeurent injustes, on doit sacrifier leur amitié à son devoir, et choisir entre deux maux inévitables, dont l'un se peut réparer, et l'autre est sans remède.

La Rochefoucauld.

Je dirais sur des amis tyranniques et avantageux :
L'amour a des dédommagements que l'amitié n'a pas.

MONTESQUIEU.

La première règle dans l'amitié, c'est de servir nos amis comme ils veulent l'être, fussent-ils les plus bizarres du monde.

Mademoiselle DE LESPINASSE.

Commençons par excepter ces âmes nobles et courageuses, s'il en reste encore sur la terre, secourables, ingénieuses à faire du bien, que nuls besoins, nulle disproportion, nuls artifices, ne peuvent séparer de ceux qu'ils se sont une fois choisis pour amis ; et, après cette précaution, disons hardiment une chose triste et douloureuse à imaginer : il n'y a personne au monde si bien lié avec nous de société et de bienveillance, qui nous aime, qui nous goûte, qui nous fait mille offres de services, et qui nous sert quelquefois, qui n'ait en soi, par l'attachement à son intérêt, des dispositions très-proches à rompre avec nous et à devenir notre ennemi.

LA BRUYÈRE.

Dans l'adversité de nos meilleurs amis, nous trouvons souvent quelque chose qui ne nous déplaît pas.

LA ROCHEFOUCAULD.

Je mets en fait que si tous les hommes savaient ce qu'ils disent les uns des autres, il n'y aurait pas quatre amis dans le monde. Cela paraît par les querelles que causent les rapports indécents qu'on en fait quelquefois.

Pascal.

C'est beaucoup tirer de notre ami si, ayant monté à une grande faveur, il est encore un homme de notre connaissance.

La Bruyère.

Peut-être faut-il avoir senti l'amour pour bien connaître l'amitié.

Chamfort.

Quelque rare que soit le véritable amour, il l'est encore moins que la véritable amitié.

La Rochefoucauld.

Quelque délicat que l'on soit en amour, on pardonne plus de fautes que dans l'amitié.

La Bruyère.

On peut tout pardonner à ses amis, excepté l'insulte, parce qu'elle ne peut venir que d'un fonds de mépris.

Grimm.

Tant que l'amour dure, il subsiste de soi-même, et quelquefois par les choses qui semblent le devoir éteindre, par les caprices, par les rigueurs, par l'éloignement, par la jalousie. L'amitié, au contraire, a besoin de secours : elle périt faute de soin, de confiance et de complaisance.

La Bruyère.

Les liens de l'amitié sont respectables, même après qu'ils sont rompus.

Comtesse de Boufflers.

Il ne faut pas laisser croître de l'herbe sur le chemin de l'amitié.

Madame Geoffroy.

C'est une preuve de peu d'amitié de ne s'apercevoir pas du refroidissement de celle de nos amis.

La Rochefoucauld.

L'amitié extrême et délicate est souvent blessée du repli d'une rose.

Chamfort.

Quelque désintéressement qu'on ait à l'égard de ceux qu'on aime, il faut quelquefois se contraindre pour eux, et avoir la générosité de recevoir.

Celui-là peut prendre, qui goûte un plaisir aussi délicat à recevoir que son ami en sent à lui donner.

La Bruyère.

C'est un mauvais moyen de lire dans le cœur des autres que d'affecter de cacher le sien.

J. J. Rousseau.

Un parler ouvert ouvre un autre parler, et le tire hors, comme faict le vin et l'amour.

Montaigne.

Ce qui nous empêche d'ordinaire de faire voir le fond de notre cœur à nos amis n'est pas tant la défiance que nous avons d'eux que celle que nous avons de nous-mêmes.

La Rochefoucauld.

On se confie le plus souvent par vanité, par envie de parler, par le désir de s'attirer la confiance des autres, et pour faire un échange de secrets.

La Rochefoucauld.

Il n'y a pas une seule personne à qui on puisse confier ses peines sans lui donner une maligne joie et sans s'avilir à ses yeux.

Madame du Deffand.

Vivre avec ses ennemis comme s'ils devaient un jour être nos amis, et vivre avec nos amis comme s'ils pouvaient devenir nos ennemis, n'est ni selon la nature de la haine, ni selon les règles de l'amitié : ce n'est pas une maxime morale, mais politique.

La Bruyère.

Quand nos amis deviennent nos ennemis, je les crois les plus dangereux.

Madame de Bonneval.

J'ai toujours éprouvé qu'il m'était plus facile de me suffire à moi-même dans le chagrin que dans la joie. Dès que mon âme est triste, elle veut être seule. C'est pour être heureux avec moi que j'ai besoin de mes amis.

Marmontel.

## L'AMOUR

En amour, tout est vrai, tout est faux ; et c'est la seule chose sur laquelle on ne puisse pas dire une absurdité.

Chamfort.

L'amour est un larcin que l'état de nature fait à l'état social.

RIVAROL.

Dans l'amitié, c'est l'esprit qui est l'organe du sentiment; dans l'amour, ce sont les sens. Et comme les idées qui viennent par les sens sont infiniment plus puissantes que les vues de la réflexion, ce qu'elles inspirent est passion.

VAUVENARGUES.

L'amour est la seule passion qui se paye d'une monnaie qu'elle fabrique elle-même.

STENDHAL.

Il en est du véritable amour comme de l'apparition des esprits : tout le monde en parle, mais peu de gens en ont vu.

LA ROCHEFOUCAULD.

L'amour, tel qu'il existe dans la société, n'est que l'échange de deux fantaisies et le contact de deux épidermes.

CHAMFORT.

On a fait l'amour aveugle, parce qu'il a de meilleurs

yeux que nous, et qu'il voit des rapports que nous ne pouvons apercevoir. Pour qui n'aurait nulle idée de mérite ni de beauté, toute femme serait également bonne, et la première venue serait toujours la plus aimable. Loin que l'amour vienne de la nature, il est la règle et le frein de ses penchants : c'est par lui qu'excepté l'objet aimé, un sexe n'est plus rien pour l'autre.

J. J. Rousseau.

L'amour plaît plus que le mariage, par la raison que les romans sont plus amusants que l'histoire.

Chamfort.

L'amour ne s'occupe que du présent; il cherche le plaisir actuel, oublie les maux passés et n'en prévoit point pour l'avenir.

Duclos.

Qui me demanderait la premiere partie en l'amour, je respondrais que c'est sçavoir prendre le temps; la seconde de mesme; et encore la tierce : c'est un poinct qui peult tout.

Montaigne.

Il n'est pas impossible qu'il y ait un amour exempt de grossièreté.

Vauvenargues.

Les âmes fortes aiment, les âmes faibles désirent.
>Madame DE KRUDNER.

S'il y a un amour pur et exempt du mélange de nos autres passions, c'est celui qui est caché au fond du cœur, et que nous ignorons nous-mêmes.
>LA ROCHEFOUCAULD.

Le commencement et le déclin de l'amour se font sentir par l'embarras où l'on est de se trouver seuls.
>LA BRUYÈRE.

La grâce de la nouveauté est à l'amour ce que la fleur est sur les fruits; elle y donne un lustre qui s'efface aisément et qui ne revient jamais.
>LA ROCHEFOUCAULD.

L'amour naît brusquement sans autre réflexion, par tempérament ou par faiblesse : un trait de beauté nous fixe, nous détermine. L'amitié au contraire se forme peu à peu, avec le temps, par la pratique, par un long commerce. Combien d'esprit, de bonté de cœur, d'attachement, de services, et de complaisance dans les amis, pour faire en plusieurs années bien moins que ne fait quelquefois en un moment un beau visage ou une belle main!
>LA BRUYERE.

# L'AMOUR.

Le plus grand bonheur que puisse donner l'amour, c'est le premier serrement de main d'une femme qu'on aime.

STENDHAL.

L'amour qui naît subitement est le plus long à guérir.

LA BRUYÈRE.

L'amour qui croît peu à peu et par degrés ressemble trop à l'amitié pour être une passion violente.

LA BRUYÈRE.

Les violences qu'on se fait pour s'empêcher d'aimer sont souvent plus cruelles que les rigueurs de ce qu'on aime.

LA ROCHEFOUCAULD.

La même fermeté qui sert à résister à l'amour sert aussi à le rendre violent et durable, et les personnes faibles, qui sont toujours agitées de passions, n'en sont presque jamais véritablement remplies.

LA ROCHEFOUCAULD.

Quand un homme et une femme ont l'un pour l'autre une passion violente, il me semble toujours que, quels que soient les obstacles qui les séparent, un mari, des parents, etc., les deux amants sont l'un à l'autre, *de par la nature;* qu'ils s'appartiennent *de droit divin,* malgré les lois et les conventions humaines.

CHAMFORT.

Il y a quelquefois dans le cours de la vie de si chers plaisirs et de si tendres engagements que l'on nous défend, qu'il est naturel de désirer du moins qu'ils fussent permis : de si grands charmes ne peuvent être surpassés que par celui de savoir y renoncer par vertu.

LA BRUYÈRE.

Une femme appartient de droit à l'homme qui l'aime et qu'elle aime plus que la vie.

STENDHAL.

L'amour est l'histoire de la vie des femmes; c'est un épisode dans celle des hommes.

Madame DE STAËL.

Les femmes aiment de tout leur cœur, et les hommes de toutes leurs forces.

Madame DE BEAUHARNAIS.

Généralement les hommes sont moins constants que les femmes et se rebutent plutôt qu'elles de l'amour heureux.

J. J. ROUSSEAU.

Les meilleures gens en amitié sont quelquefois les plus sottes gens en amour.

DIDÉROT.

On dit, en politique, que les sages ne font point de conquêtes : cela peut aussi s'appliquer à la galanterie.

CHAMFORT.

La galanterie n'est point l'amour, mais elle est le délicat, le léger, le perpétuel mensonge de l'amour.

MONTESQUIEU.

Le trop d'esprit amène bien des sottises dans l'amour.

SAINTE-BEUVE.

Les jeunes gens près des femmes sont des riches honteux, et les vieillards des pauvres effrontés.

RIVAROL.

Plus un homme est éperdument amoureux, plus grande est la violence qu'il est obligé de se faire pour oser risquer de fâcher la femme qu'il aime et lui prendre la main.

Stendhal.

Il coûte moins à certains hommes de s'enrichir de mille vertus, que de se corriger d'un seul défaut : ils sont même si malheureux, que ce vice est souvent celui qui convenait le moins à leur état, et qui pouvait leur donner dans le monde plus de ridicule : il affaiblit l'éclat de leurs grandes qualités, empêche qu'ils ne soient des hommes parfaits, et que leur réputation ne soit entière. On ne leur demande point qu'ils soient plus éclairés et plus incorruptibles ; qu'ils soient plus amis de l'ordre et de la discipline, plus fidèles à leurs devoirs, plus zélés pour le bien public, plus graves : on veut seulement qu'ils ne soient point amoureux.

La Bruyère.

Si le nez de Cléopâtre eût été plus court, toute la face de la terre aurait changé.

Pascal.

Celui qui est amant n'est que cela. Tant pis pour la probité et la vertu, si l'amour s'y oppose. Ce n'est pas qu'on voulût faire une action vile ou basse, par amour. On ne volerait pas un écu, mais on brûlerait, on tuerait, on se tuerait soi-même.

DIDEROT.

La dignité et l'amour ne vont guère ensemble, et tant qu'on aime, tant qu'on espère encore, si peu que ce soit, on fait bon marché de tout le reste.

SAINTE-BEUVE.

Toutes les passions nous font faire des fautes, mais l'amour nous en fait faire de plus ridicules.

LA ROCHEFOUCAULD.

Un homme amoureux est un homme qui veut être plus aimable qu'il ne peut, et voilà pourquoi presque tous les amoureux sont ridicules.

CHAMFORT.

On est presque également difficile à contenter quand on a beaucoup d'amour, et quand on n'en a plus guère.

LA ROCHEFOUCAULD.

L'amant trop aimé de sa maîtresse semble l'aimer moins, et *vice versâ*. En serait-il des sentiments du cœur comme des bienfaits ? Quand on n'espère plus pouvoir les payer, on tombe dans l'ingratitude.

CHAMFORT.

Quand on aime, on doute souvent de ce qu'on croit le plus.
La Rochefoucauld.

La sincérité que se demandent les amants et les maîtresses, pour savoir l'un et l'autre quand ils cesseront de s'aimer, est bien moins pour vouloir être avertis quand on ne les aimera plus, que pour être mieux assurés qu'on les aime, lorsqu'on ne dit point le contraire.
La Rochefoucauld.

Dans l'amitié comme dans l'amour, on est souvent plus heureux par les choses qu'on ignore que par celles que l'on sait.
La Rochefoucauld.

Plus on aime une maîtresse, et plus on est près de la haïr.
La Rochefoucauld.

L'on veut faire tout le bonheur, ou, si cela ne se peut ainsi, tout le malheur de ce qu'on aime.
La Bruyère.

Il n'y a point de passion où l'amour de soi-même règne si puissamment que dans l'amour, et l'on est souvent plus disposé à sacrifier le repos de ce qu'on aime qu'à perdre le sien.

La Rochefoucauld.

Le plaisir de l'amour est d'aimer, et l'on est plus heureux par la passion que l'on a que par celle que l'on donne.

La Rochefoucauld.

Les amants heureux s'accommodent volontiers de tous les cadres ; ils portent en eux de quoi embellir les déserts.

Sainte-Beuve.

Un beau visage est le plus beau de tous les spectacles, et l'harmonie la plus douce est le son de la voix de celle qu'on aime.

La Bruyère.

Être avec les gens qu'on aime, cela suffit : rêver, leur parler, ne leur parler point, penser à eux, penser à des choses plus indifférentes, mais auprès d'eux, tout est égal.

La Bruyère.

Les deux amants qui étaient convenus de regarder la lune à la même heure, eurent une fort bonne idée. Il semble que c'est se rapprocher que d'être instruit de ce que font les personnes qu'on aime.

Sénac de Meilhan.

Ce qui fait que les amants et les maîtresses ne s'ennuient point d'être ensemble, c'est qu'ils parlent toujours d'eux-mêmes.

La Rochefoucauld.

L'on confie son secret dans l'amitié, mais il échappe dans l'amour.

La Bruyère.

Les parfums cachés et les amours secrets se trahissent toujours.

Joubert.

Il n'y a point de déguisement qui puisse longtemps cacher l'amour où il est, ni le feindre où il n'est pas.

La Rochefoucauld.

L'amant retourne tous les défauts de sa maîtresse et les traduit en louanges.

Sainte-Beuve.

Quand on aime, c'est le cœur qui juge.

Joubert.

L'on ne voit dans l'amitié que les défauts qui peuvent nuire à nos amis. L'on ne voit en amour de défauts dans ce qu'on aime, que ceux dont on souffre soi-même.

La Bruyère.

On fait plus souvent des trahisons par faiblesse que par un dessein formé de trahir.

La Rochefoucauld.

Dans l'amour, la tromperie va presque toujours plus loin que la méfiance.

La Rochefoucauld.

On craint toujours de voir ce qu'on aime, quand on vient de faire des coquetteries ailleurs.

La Rochefoucauld.

On pardonne tant que l'on aime.

La Rochefoucauld.

La différence de l'infidélité dans les deux sexes est si réelle, qu'une femme passionnée peut pardonner une infidélité, ce qui est impossible à un homme.

Stendhal.

La violence qu'on se fait pour demeurer fidèle à ce qu'on aime, ne vaut guère mieux qu'une infidélité.

LA ROCHEFOUCAULD.

Les Italiens disent : *Sotto umbilico ne religione ne verità.*

CHAMFORT.

L'amour prête son nom à un nombre infini de commerces qu'on lui attribue, et où il n'a non plus de part que le doge à ce qui se fait à Venise.

LA ROCHEFOUCAULD.

Il n'y a rien que l'on confonde si fort avec l'amour, et qui y soit souvent plus opposé, que la force de l'habitude. C'est une chaîne dont il est plus difficile de se dégager que de l'amour, surtout à un certain âge.

DUCLOS.

L'on est encore longtemps à se voir par habitude, et à se dire de bouche que l'on s'aime, après que les manières disent qu'on ne s'aime plus.

LA BRUYÈRE.

Le véritable amour rend la pensée de la mort fréquente, aisée, sans terreurs, un simple objet de comparaison, le prix qu'on donnerait pour bien des choses.

STENDHAL.

Si une laide se fait aimer, ce ne peut être qu'éperdument ; car il faut que ce soit ou par une étrange faiblesse de son amant, ou par de plus secrets et de plus invincibles charmes que ceux de la beauté.

LA BRUYÈRE.

Vouloir oublier quelqu'un, c'est y penser. L'amour a cela de commun avec les scrupules, qu'il s'aigrit par les réflexions et les retours que l'on fait pour s'en délivrer. Il faut, s'il se peut, ne point songer à sa passion pour l'affaiblir.

LA BRUYÈRE.

La passion s'augmente par les retours qu'on fait sur soi : l'oubli est la seule sûreté qu'on puisse prendre contre l'amour.

Madame DE LAMBERT.

L'amour qui vit dans les orages, et croît souvent au sein des perfidies, ne résiste pas toujours au calme de la fidélité.

RIVAROL.

Il est plus difficile d'être fidèle à sa maîtresse quand on est heureux que quand on en est maltraité.

La Rochefoucauld.

Quand on est amoureux, quand on l'est surtout comme Antoine l'est de Cléopâtre, de telles découvertes d'infidélité ne détachent pas; elles irritent, elles font plutôt qu'on veut rester, qu'on veut punir. On bat sa maîtresse, on la surveille, et on l'aime plus fort.

Sainte-Beuve.

C'est presque toujours la faute de celui qui aime de ne pas connaître quand on cesse de l'aimer.

La Rochefoucauld.

Le temps, qui fortifie les amitiés, affaiblit l'amour.

La Bruyère.

La constance est la chimère de l'amour.

Vauvenargues.

L'on n'est pas plus maître de toujours aimer qu'on l'a été de ne pas aimer.

La Bruyère.

## L'AMOUR.

Comme on n'est jamais en liberté d'aimer ou de cesser d'aimer, l'amant ne peut pas se plaindre avec justice de l'inconstance d'une maîtresse, ni elle de la légèreté de son amant.

La Rochefoucauld.

Les froideurs et les relâchements dans l'amitié ont leurs causes : en amour il n'y a guère d'autre raison de ne plus s'aimer, que de s'être trop aimés.

La Bruyère.

Il y a plusieurs remèdes qui guérissent de l'amour, mais il n'y en a point d'infaillibles.

La Rochefoucauld.

En amour, celui qui est guéri le premier est toujours le mieux guéri.

La Rochefoucauld.

On a bien de la peine à rompre quand on ne s'aime plus.

La Rochefoucauld.

Il est plus facile de prendre de l'amour quand on n'en a pas, que de s'en défaire quand on en a.

La Rochefoucauld.

Les amours meurent par le dégoût, et l'oubli les enterre.

La Bruyère.

Il est impossible d'aimer une seconde fois ce qu'on a véritablement cessé d'aimer.

La Rochefoucauld.

Il n'y a guère de gens qui ne soient honteux de s'être aimés, quand ils ne s'aiment plus.

La Rochefoucauld.

Ceux qui ne sont plus en état de plaire aux femmes s'en corrigent.

Vauvenargues.

Il en est de l'amour comme de la petite vérole, qui tue d'ordinaire quand elle prend tard.

Bussy-Rabutin.

Le châtiment de ceux qui ont trop aimé les femmes est de les aimer toujours.

Joubert.

## LA HAINE

Regretter ce que l'on aime est un bien, en comparaison de vivre avec ce que l'on hait.

La Bruyère.

Nous sommes plus près d'aimer ceux qui nous haïssent, que ceux qui nous aiment plus que nous ne voulons.

La Rochefoucauld.

Il n'y a pas si loin de la haine à l'amitié, que de l'antipathie.

La Bruyère.

Quand on sent qu'on n'a pas de quoi se faire estimer de quelqu'un, on est bien près de le haïr.

Vauvenargues.

C'est par faiblesse que l'on hait un ennemi et que l'on songe à s'en venger, et c'est par paresse que l'on s'apaise et qu'on ne se venge point.

La Bruyère.

Il est également difficile d'étouffer dans les commencements le sentiment des injures, et de le conserver après un certain nombre d'années.

La Bruyère.

Je pardonne aisément, par la raison que je ne suis pas haineux. Il me semble que la haine est douloureuse.

Montesquieu.

Il est pénible à un homme fier de pardonner à celui qui le surprend en faute et qui se plaint de lui avec raison ; sa fierté ne s'adoucit que lorsqu'il reprend ses avantages, et qu'il met l'autre dans son tort.

La Bruyère.

Comme nous nous affectionnons de plus en plus aux personnes à qui nous faisons du bien, de même nous haïssons violemment ceux que nous avons beaucoup offensés.

La Bruyère.

Quand j'étais jeune, ayant les besoins des passions et attiré par elles dans le monde, forcé de chercher dans la société et dans les plaisirs quelques distractions à des peines cruelles, on me prêchait l'amour de la retraite, du travail, et on m'assommait de sermons pédantesques sur ce sujet. Arrivé à quarante ans, ayant perdu les passions qui rendent la société supportable, n'en voyant plus que la misère et la futilité, n'ayant plus besoin du monde pour échapper à des peines qui n'existaient plus, le goût de la retraite et du travail est devenu très-vif chez moi, et a remplacé tout le reste; j'ai cessé d'aller dans le monde : alors, on n'a cessé de me tourmenter pour que j'y revinsse; j'ai été accusé d'être misanthrope, etc. Que conclure de cette bizarre différence? Le besoin que les hommes ont de tout blâmer.

Chamfort.

Ceux qui haïssent les hommes sont le plus souvent les mêmes qui les ont d'abord le plus recherchés et aimés, et qui n'ont trouvé dans leur commerce qu'amertume et dégoût.

Sainte-Beuve.

La faiblesse de caractère ou le défaut d'idées, en un mot, tout ce qui peut nous empêcher de vivre avec nous-mêmes, sont les choses qui préservent beaucoup de gens de la misanthropie.

Chamfort.

Il est presque impossible qu'un philosophe, qu'un poëte ne soient pas misanthropes : 1° parce que leur goût et leur talent les portent à l'observation de la société, étude qui afflige constamment le cœur; 2° parce que leur talent n'étant presque jamais récompensé par la société (heureux même s'il n'est pas puni!) ce sujet d'affliction ne fait que redoubler leur penchant à la mélancolie.

Chamfort.

On dit quelquefois d'un homme qui vit seul : Il n'aime pas la société. C'est souvent comme si on disait d'un homme qu'il n'aime pas la promenade, sous prétexte qu'il ne se promène pas volontiers le soir dans la forêt de Bondy.

Chamfort.

Tout homme qui est arrivé à quarante ans et qui n'est pas misanthrope, n'a jamais aimé les hommes.

Chamfort.

Si les vérités cruelles, les fâcheuses découvertes, les secrets de la société, qui composent la science d'un homme du monde parvenu à l'âge de quarante ans, avaient été connus de ce même homme à l'âge de vingt, ou il fût tombé dans le désespoir, ou il se serait corrompu par lui-même, par projet; et, cependant, on voit un petit nombre d'hommes sages, parvenus à cet âge-là, instruits de toutes ces choses et très-éclairés, n'être ni corrompus ni malheureux. La prudence dirige leurs vertus à travers la corruption publique; et la force de leur caractère, jointe aux lumières d'un esprit étendu, les élève au-dessus du chagrin qu'inspire la perversité des hommes.

CHAMFORT.

## LA JALOUSIE

La jalousie est le plus grand de tous les maux, et celui qui fait le moins de pitié aux personnes qui le causent.

LA ROCHEFOUCAULD.

Il y a dans la jalousie plus d'amour-propre que d'amour.

LA ROCHEFOUCAULD.

Le tempérament a beaucoup de part à la jalousie, et elle ne suppose pas toujours une grande passion : c'est cependant un paradoxe qu'un violent amour sans délicatesse.

LA BRUYÈRE.

La jalousie se nourrit dans les doutes; elle devient fureur, ou elle finit sitôt qu'on passe du doute à la certitude.

La Rochefoucauld.

La jalousie naît toujours avec l'amour; mais elle ne meurt pas toujours avec lui.

La Rochefoucauld.

Les infidélités devraient éteindre l'amour, et il ne faudrait point être jaloux quand on a sujet de l'être. Il n'y a que les personnes qui évitent de donner de la jalousie qui soient dignes qu'on en ait pour elles.

La Rochefoucauld.

Il arrive souvent que l'on souffre tout seul de la délicatesse : l'on souffre de la jalousie, et l'on fait souffrir les autres.

La Bruyère.

Chez les femmes, la jalousie est un mal encore plus abominable, s'il se peut, que chez les hommes.

Stendhal.

Il semble que, s'il y a un soupçon injuste, bizarre et sans fondement, qu'on ait une fois appelé jalousie,

cette autre jalousie, qui est un sentiment juste, naturel, fondé en raison et sur l'expérience, mériterait un autre nom.
La Bruyère.

Il y a une certaine sorte d'amour dont l'excès empêche la jalousie.
La Rochefoucauld.

## LA BONTÉ.

La fiance de la bonté d'aultruy est un non legier tesmoignage de la bonté propre.
Montaigne.

Un homme sans élévation ne saurait avoir de bonté; il ne peut avoir que de la bonhomie.
Chamfort.

Toute aultre science est dommageable à celuy qui n'a la science de la bonté.
Montaigne.

Les hommes extrêmement heureux et les hommes extrêmement malheureux sont également portés à la

dureté; témoins les moines et les conquérants. Il n'y a que la médiocrité et le mélange de la bonne et de la mauvaise fortune qui donnent de la douceur et de la pitié.
MONTESQUIEU.

Un homme dur au travail et à la peine, inexorable à soi-même, n'est indulgent aux autres que par un excès de raison.
LA BRUYÈRE.

En général l'indulgence pour ceux qu'on connaît est bien plus rare que la pitié pour ceux qu'on ne connaît pas.
RIVAROL.

L'expérience confirme que la mollesse ou l'indulgence pour soi et la dureté pour les autres n'est qu'un seul et même vice.
LA BRUYÈRE.

La pitié qu'on a du mal d'autrui ne se mesure pas sur la quantité de ce mal, mais sur le sentiment qu'on prête à ceux qui le souffrent.
J. J. ROUSSEAU.

Nous avons tous assez de force pour supporter les maux d'autrui.
LA ROCHEFOUCAULD.

# LA BONTÉ.

On ne plaint jamais dans autrui que les maux dont on ne se croit pas exempt soi-même.

J. J. Rousseau.

Pour pouvoir être toujours bon, il faut que les autres croient qu'ils ne peuvent pas nous être impunément méchants.

La Rochefoucauld.

Nul ne mérite d'être loué de sa bonté, s'il n'a pas la force d'être méchant : toute autre bonté n'est le plus souvent que paresse ou impuissance de la volonté.

La Rochefoucauld.

Rien n'est plus rare que la véritable bonté : ceux mêmes qui croient en avoir n'ont d'ordinaire que de la complaisance ou de la faiblesse.

La Rochefoucauld.

Ce qui rend l'homme essentiellement bon est d'avoir peu de besoins et de peu se comparer aux autres ; ce qui le rend essentiellement méchant est d'avoir beaucoup de besoins et tenir beaucoup à l'opinion.

J. J. Rousseau.

Les méchants sont toujours surpris de trouver de l'habileté dans les bons.

Vauvenargues.

Les hommes font beaucoup d'injustices sans méchanceté, par légèreté, précipitation, sottise, témérité, imprudence.

Duclos.

S'il était possible de donner sans perdre, il se trouverait encore des hommes inaccessibles.

Vauvenargues.

Nous querellons les malheureux pour nous dispenser de les plaindre.

Vauvenargues.

Mon opinion est qu'il fault se prester à aultruy et ne se donner qu'à soy-mesme.

Montaigne.

Les inventions des hommes vont en avançant de siècle en siècle. La bonté et la malice du monde en général reste la même.

Pascal.

Une partie de la bonté consiste peut-être à estimer et à aimer les gens plus qu'ils ne le méritent; mais alors une partie de la prudence est de croire que les gens ne valent pas toujours ce qu'on les prise.

JOUBERT.

Il n'est pareillement bonté qui ne resjouisse une nature bien nee; il y a certes je ne sais quelle congratulation de bien faire, qui nous resjouit en nous-mesmes et une fierté genereuse qui accompaigne la bonne conscience.

MONTAIGNE.

## LA BIENFAISANCE

Il faut faire du bien, lorsqu'on le peut, et faire plaisir à toute heure, car à toute heure on le peut.

JOUBERT.

Il ne suffit pas de faire le bien, il faut encore le bien faire.

DIDEROT.

Les hommes ne s'attachent pas assez à ne point manquer les occasions de faire plaisir; il semble que l'on n'entre dans un emploi que pour pouvoir obliger et n'en rien faire. La chose la plus prompte et qui se présente d'abord, c'est le refus, et l'on n'accorde que par réflexion.

La Bruyère.

Faire un heureux, c'est mériter de l'être.

J. J. Rousseau.

Si le riche n'était libéral que comme la terre, qu'il n'accordât rien qu'au travail, il passerait pour dur.

Rivarol.

Celuy qui bien faict à quelqu'un l'aime mieulx qu'il n'en est aimé.

Montaigne.

Recevoir les bienfaits de quelqu'un est une manière plus sûre de se l'attacher que de l'obliger lui-même. Souvent la vue d'un bienfaiteur importune; celle d'un homme à qui l'on a fait du bien est toujours agréable; on aime en lui son ouvrage.

Joubert.

Il y a du plaisir à rencontrer les yeux de celui à qui l'on vient de donner.

La Bruyère.

## LA BIENFAISANCE.

Si l'on a donné à ceux que l'on aimait, quelque chose qu'il arrive, il n'y a plus d'occasions où l'on doive songer à ses bienfaits.

La Bruyère.

Il faut être juste avant d'être généreux, comme on a des chemises avant d'avoir des dentelles.

Chamfort.

J'ai toujours détesté l'ingratitude, et si j'avais des obligations au diable, je dirais du bien de ses cornes.

Voltaire.

La bienfaisance fait plus de mécontents par son défaut de continuité, qu'elle n'inspire de reconnaissance par son exercice habituel.

Sénac de Meilhan.

Il y a beaucoup moins d'ingrats qu'on ne croit, car il y a bien moins de généreux qu'on ne pense.

Saint-Évremond.

On ne donne rien si libéralement que ses conseils.

La Rochefoucauld.

Nous promettons selon nos espérances, et nous tenons selon nos craintes.

La Rochefoucauld.

On ne trouve guère d'ingrats, tant qu'on est en état de faire du bien.

La Rochefoucauld.

Les hommes ne sont pas seulement sujets à perdre le souvenir des bienfaits et des injures; ils haïssent même ceux qui les ont obligés, et cessent de haïr ceux qui leur ont fait des outrages. L'application à récompenser le bien et à se venger du mal leur paraît une servitude à laquelle ils ont peine à se soumettre.

La Rochefoucauld.

S'il est des bienfaits qui obligent, il y a des insultes qui aliènent à jamais et qui délient.

Sainte-Beuve.

Le trop grand empressement qu'on a de s'acquitter d'une obligation est une espèce d'ingratitude.

La Rochefoucauld.

Tel homme est ingrat, qui est moins coupable de son ingratitude que celui qui lui a fait du bien.

La Rochefoucauld.

Il y a une espèce d'ingratitude, fondée sur l'opinion de notre mérite, où l'amour-propre représente une grâce que l'on nous fait comme une justice que l'on nous rend.

Saint-Évremond.

C'est une vengeance douce à celui qui aime beaucoup, de faire par tout son procédé d'une personne ingrate une très-ingrate.

La Bruyère.

---

# LA DOULEUR

La misere de nostre condition porte que nous n'avons pas tant à jouir qu'à fuyr, et que l'extreme volupté ne nous touche pas comme une légiere douleur, *segnius homines bona quam mala sentiunt* (les hommes sont moins sensibles au plaisir qu'à la douleur, Tite-Live, XXX, 21) : nous ne sentons point l'entiere santé, comme la moindre des maladies.

Montaigne.

Nous ne sommes pas assez parfaits pour être toujours affligés; notre nature est trop variable, et cette imperfection est une de ses plus grandes ressources.

FONTENELLE.

Il y a, dans les afflictions, diverses sortes d'hypocrisie. Dans l'une, sous prétexte de pleurer une personne qui nous est chère, nous nous pleurons nous-mêmes; nous pleurons la diminution de notre bien, de notre plaisir, de notre considération : nous regrettons la bonne opinion qu'on avait de nous. Ainsi les morts ont l'honneur des larmes qui ne coulent que pour les vivants. Je dis que c'est une espèce d'hypocrisie, parce que, dans ces sortes d'afflictions, on se trompe soi-même. Il y a une autre hypocrisie qui n'est pas si innocente, parce qu'elle impose à tout le monde : c'est l'affliction de certaines personnes qui aspirent à la gloire d'une belle et immortelle douleur. Après que le temps qui consume tout a fait cesser celle qu'elles avaient en effet, elles ne laissent pas d'opiniâtrer leurs pleurs, leurs plaintes et leurs soupirs; elles prennent un personnage lugubre, et travaillent à persuader, par toutes leurs actions, que leur déplaisir ne finira qu'avec leur vie. Cette triste et fatigante vanité se trouve d'ordinaire dans les femmes ambitieuses. Comme leur sexe leur ferme tous les chemins qui mènent à la gloire, elles s'efforcent de se rendre célèbres par la montre d'une inconsolable affliction. Il y a encore une autre espèce de larmes qui n'ont que de petites sources, qui coulent et se tarissent facilement : on pleure pour avoir la réputation d'être tendre ; on pleure pour être plaint ; on pleure pour être pleuré ; enfin on pleure pour éviter la honte de ne pleurer pas.

La Rochefoucauld.

Peu de chose nous divertit et destourne ; car peu de chose nous tient.

Montaigne.

Peu de chose nous console, parce que peu de chose nous afflige.

Pascal.

Se croire inconsolable, c'est se rendre le témoignage que l'on est tendre, fidèle, constant : c'est se donner de grandes louanges.

Fontenelle.

Il ne faut quelquefois qu'une jolie maison dont on hérite, qu'un beau cheval ou un joli chien dont on se trouve le maître, qu'une tapisserie, qu'une pendule, pour adoucir une grande douleur et pour faire moins sentir une grande perte.

La Bruyère.

Il devrait y avoir dans le cœur des sources inépuisables de douleur pour de certaines pertes. Ce n'est guère par vertu ou par force d'esprit que l'on sort d'une grande affliction : l'on pleure amèrement, et l'on est sensiblement touché : mais l'on est ensuite si faible ou si léger que l'on se console.

La Bruyère.

Peu d'affligés savent feindre tout le temps qu'il faut pour leur honneur.

Vauvenargues.

Nous nous consolons souvent par faiblesse des maux dont la raison n'a pas la force de nous consoler.

La Rochefoucauld.

Tout ce que le temps peut sur une grande douleur, c'est de la changer en grande mélancolie.

Joseph de Maistre.

# L'INTELLIGENCE

L'esprit est toujours la dupe du cœur.
La Rochefoucauld.

Il faut aimer pour connaître.
Madame Swetchine.

Malheur, a-t-on dit, à qui n'a pas été amoureux une fois! Malheur aussi à qui, dans l'ordre de la pensée, n'a pas été une fois ou stoïcien *à lier*, ou platonicien ébloui, ou péripatéticien forcené, ou toute autre chose, mais enfin quelque chose d'élevé, d'ardent, de difficile! Il n'a pas connu les cimes enflammées de l'esprit.
Sainte-Beuve.

Sentir fait penser; on en convient assez aisément; on convient moins que penser fasse sentir; mais cela n'est guère moins vrai.
Chamfort.

De deux personnes également bonnes, sensibles et bienfaisantes, celle qui aura le plus d'esprit l'emportera encore par la vertu pratique. Elle aura mille procédés délicats, inconnus à l'esprit borné. Elle n'humiliera point par ses bienfaits : elle aura, en obligeant, ces égards si supérieurs aux services, et qui, loin de faire des ingrats, font éprouver une reconnaissance délicieuse. Enfin, quelque vertu qu'on ait, on n'a que celle de l'étendue de son esprit.

Duclos.

La joie de l'esprit en marque la force.

Ninon de Lenclos.

Il y a de ces mots déterminants et qui font juger de l'esprit d'un homme.

Pascal.

Il y a des esprits naturellement éclairés, ou pénétrants par leur nature, qui ont beaucoup d'évidences qu'ils n'ont pas raisonnées et ne pourraient pas raisonner.

Joubert.

La raison se compose de vérités qu'il faut dire et de vérités qu'il faut taire.

Rivarol.

# L'INTELLIGENCE.

Il faut entrer dans les idées des autres, si l'on veut retirer quelque profit des conversations et des livres.

JOUBERT.

On se persuade mieux, pour l'ordinaire, par les raisons qu'on a trouvées soi-même, que par celles qui sont venues dans l'esprit des autres.

PASCAL.

Nos opinions en tout résultent de la nature individuelle de notre esprit plutôt que des choses.

SAINTE-BEUVE.

Le plus grand déréglement de l'esprit, c'est de croire les choses parce qu'on veut qu'elles soient.

BOSSUET.

Ce qu'on sait le mieux, c'est : 1° ce qu'on a deviné ; 2° ce qu'on a appris par l'expérience des hommes et des choses ; 3° ce qu'on a appris, non dans des livres, mais par les livres, c'est-à-dire par les réflexions qu'ils font faire ; 4° ce qu'on a appris dans les livres ou avec des maîtres.

CHAMFORT.

La solitude est à l'esprit ce que la diète est au corps.

VAUVENARGUES.

La pensée console de tout, et remédie à tout. Si quelquefois elle vous fait du mal, demandez-lui le remède du mal qu'elle vous a fait, elle vous le donnera.

CHAMFORT.

Le mérite console de tout.

MONTESQUIEU.

Pour avoir l'esprit toujours juste, il ne suffit pas de l'avoir droit, il faut encore l'avoir étendu.

VAUVENARGUES.

Nous recognoissons ayseement aux aultres l'advantage du courage, de la force corporelle, de l'experience, de la disposition, de la beauté : mais l'advantage du jugement, nous ne le cedons à personne.

MONTAIGNE.

Il est certain que l'on connaît beaucoup mieux la nature des choses par la réflexion, quand elles sont passées, que par leur impression quand on les sent.

SAINT-ÉVREMOND.

On peut avoir l'esprit très-juste, très-raisonnable, très-agréable, et très-faible en même temps.

L'extrême délicatesse de l'esprit est une espèce de

faiblesse; on sent vivement les choses, et on succombe à ce sentiment si vif.

Il y a des gens qui sont douloureux partout.

Nicole.

L'effet d'une grande multiplicité d'idées, c'est d'entraîner dans des contradictions les esprits faibles.

Vauvenargues.

Il y a une mélancolie qui tient à la grandeur de l'esprit.

Chamfort.

Toute supériorité est un exil.

Madame de Girardin.

Les gens qui admirent aisément les mauvaises choses ne sont pas en état de sentir les belles.

Grimm.

Il y a une infection de goût qui n'est pas compatible avec la droiture et l'honnêteté de l'âme.

Sainte-Beuve.

Les mêmes pensées poussent quelquefois tout autrement dans un autre que dans leur auteur; infertiles dans leur champ naturel, abondantes étant transplantées.

PASCAL.

On n'est jamais médiocre, quand on a beaucoup de bon sens et beaucoup de bons sentiments.

JOUBERT.

Il y a dans quelques hommes une certaine médiocrité d'esprit qui contribue à les rendre sages.

LA BRUYÈRE.

C'est un grand signe de médiocrité de louer toujours modérément.

VAUVENARGUES.

Les esprits médiocres condamnent d'ordinaire tout ce qui passe leur portée.

LA ROCHEFOUCAULD.

C'est faute de pénétration que nous concilions si peu de choses.

VAUVENARGUES.

La petitesse de l'esprit fait l'opiniâtreté : nous ne croyons pas aisément ce qui est au delà de ce que nous voyons.

LA ROCHEFOUCAULD.

## L'INTELLIGENCE.

La plupart des hommes vieillissent dans un petit cercle d'idées qu'ils n'ont pas tirées de leur fonds; il y a peut-être moins d'esprits faux que de stériles.

VAUVENARGUES.

La loi des esprits n'est pas différente de celle des corps, qui ne peuvent se maintenir que par une continuelle nourriture.

VAUVENARGUES.

L'habitude de penser en donne la facilité, elle nous rend plus pénétrants et plus prompts à tout voir. Nos organes, comme nos membres, acquièrent par l'exercice plus de mobilité, de force et de souplesse.

JOUBERT.

L'esprit a besoin d'être occupé, et c'est une raison de parler beaucoup que de penser peu.

VAUVENARGUES.

Comme c'est le caractère des grands esprits de faire entendre en peu de paroles beaucoup de choses, les petits esprits, au contraire, ont le don de beaucoup parler et de ne rien dire.

VAUVENARGUES.

D'autant plus que l'ame est plus vuide et sans contrepoids, elle se baisse plus facilement soubs la charge de la premiere persuasion : voilà pourquoy les enfants, le vulgaire, les femmes et les malades sont plus subjects à estre menez par les aureilles.

Montaigne.

Ceux qui ont refusé à leur esprit des pensées graves, tombent dans des idées sombres.

Joubert.

L'oisiveté est nécessaire aux esprits, aussi bien que le travail. On se ruine l'esprit à trop écrire; on se rouille à n'écrire pas.

Joubert.

Il faut du loisir pour l'agrément de la vie; les esprits qui ont toute leur charge ne sauraient avoir de douceur.

Sainte-Beuve.

L'esprit s'use comme toutes choses : les sciences sont ses aliments, elles le nourrissent et le consument.

La Bruyère.

Trop de dissipation et trop d'étude épuisent également l'esprit et le laissent à sec; les traits hardis en

tout genre ne s'offrent pas à un esprit tendu et fatigué.
Vauvenargues.

La pensée est la superfluité de la vie : dans la jeunesse on peut la mener de front avec les autres dépenses du dedans; mais plus tard elle devient incompatible avec l'excès ou même avec l'usage des plaisirs.
Sainte-Beuve.

Mais comme notre esprit se fortifie par la communication des esprits vigoreux et reglez, il ne se peult dire combien il perd et s'abastardit par le continuel commerce et frequentation que nous avons avec les esprits bas et maladifs : il n'est contagion qui s'espande comme celle-là; je sçais par assez d'experience combien en vault l'aulne.
Montaigne.

Ceux à qui il arrive d'exprimer quelques vérités qui peuvent sembler profondes et hardies, ne doivent pas trop s'enorgueillir ; car, il faut bien se l'avouer, arrivés à un certain âge, la plupart des hommes, je veux dire des hommes qui pensent, pensent au fond de même; mais peu sont dans le cas de produire ouvertement et de pousser à bout leur pensée.
Sainte-Beuve.

Il ne faut pas vingt années accomplies pour voir changer les hommes d'opinion sur les choses les plus sérieuses, comme sur celles qui leur ont paru les plus sûres et les plus vraies.

La Bruyère.

Je n'étudie que ce qui me plaît; je n'occupe mon esprit que des idées qui m'intéressent. Elles seront utiles ou inutiles, soit à moi, soit aux autres; le temps amènera ou n'amènera pas les circonstances qui me feront faire de mes acquisitions un emploi profitable. Dans tous les cas, j'aurai eu l'avantage inestimable de ne me pas contrarier, et d'avoir obéi à ma pensée et à mon caractère.

Chamfort.

---

# L'ESPRIT

Le bon goût vient plus du jugement que de l'esprit.

La Rochefoucauld.

Chacun dit du bien de son cœur, et personne n'en ose dire de son esprit.

La Rochefoucauld.

D'où vient qu'un boiteux ne nous irrite pas, et qu'un esprit boiteux nous irrite ? C'est à cause qu'un boiteux reconnaît que nous allons droit, et qu'un esprit boiteux dit que c'est nous qui boitons; sans cela nous en aurions plus de pitié que de colère.

PASCAL.

L'esprit a l'avantage que ceux qui l'estiment prouvent qu'ils en ont eux-mêmes, ou le font croire; ce qui est à peu près la même chose pour bien des gens.

DUCLOS.

Il y a de jolies choses que l'esprit ne cherche point, et qu'il trouve toutes achevées dans lui-même. Il semble qu'elles y soient cachées comme l'or et les diamants dans le sein de la terre.

LA ROCHEFOUCAULD.

Les gens d'esprit traitent souvent les affaires comme les ignorants traitent les livres; ils n'y entendent rien.

JOUBERT.

Il ne faut pas être surpris qu'un homme d'esprit soit trompé par un sot. L'un suit continuellement son objet, et l'autre ne s'avise pas d'être en garde. La duperie des gens d'esprit vient de ce qu'ils ne comptent pas assez avec les sots, c'est-à-dire de ce qu'ils les comptent pour trop peu.

Duclos.

M*** me disait que j'avais un grand malheur : c'était de ne pas me faire à la toute-puissance des sots. Il avait raison : et j'ai vu qu'en entrant dans le monde, un sot avait de grands avantages, celui de se trouver parmi ses pairs. C'est comme Frère Lourdis dans le temple de la Sottise :

> Tout lui plaisait, et même, en arrivant,
> Il crut encore être dans son couvent.

Chamfort.

Les gens qui ont beaucoup d'esprit tombent souvent dans le dédain de tout.

Montesquieu.

Chaque esprit a sa lie.

Joubert.

Un homme qui a beaucoup de mérite et d'esprit, et qui est connu pour tel, n'est pas laid, même avec des traits qui sont difformes, ou s'il a de la laideur, elle ne fait pas son impression.

La Bruyère.

Une conduite déréglée aiguise l'esprit et fausse le jugement.

DE BONALD.

La moquerie est souvent indigence d'esprit.

LA BRUYÈRE.

La méchanceté tient lieu d'esprit.

VAUVENARGUES.

Diseurs de bons mots, mauvais caractères.

PASCAL.

Diseurs de bons mots, mauvais caractères ; je le dirais s'il n'avait été dit. Ceux qui nuisent à la réputation ou à la fortune des autres, plutôt que de perdre un bon mot, méritent une peine infamante : cela n'a pas été dit, et je l'ose dire.

LA BRUYÈRE.

Les provinciaux et les sots sont toujours prêts à se fâcher et à croire qu'on se moque d'eux ou qu'on les méprise : il ne faut jamais hasarder la plaisanterie, même la plus douce et la plus permise, qu'avec des gens polis, ou qui ont de l'esprit.

LA BRUYÈRE.

Celui qui ne sait point recourir à propos à la plaisanterie, et qui manque de souplesse dans l'esprit, se trouve très-souvent placé entre la nécessité d'être faux ou d'être pédant; alternative fâcheuse à laquelle un honnête homme se soustrait pour l'ordinaire, par de la grâce et de la gaieté.

CHAMFORT.

L'on marche sur les mauvais plaisants, et il pleut par tout pays de cette sorte d'insectes. Un bon plaisant est une pièce rare : à un homme qui est né tel, il est encore fort délicat d'en soutenir longtemps le personnage; il n'est pas ordinaire que celui qui fait rire se fasse estimer.

LA BRUYÈRE.

C'est la plaisanterie qui doit faire justice de tous les travers des hommes et de la société; c'est par elle qu'on évite de se compromettre; c'est par elle qu'on met tout en place sans sortir de la sienne; c'est elle qui atteste notre supériorité sur les choses et sur les personnes dont nous nous moquons, sans que les personnes puissent s'en offenser, à moins qu'elles ne manquent de gaieté ou de mœurs. La réputation de savoir bien manier cette arme donne à l'homme d'un rang inférieur, dans le monde et dans la bonne compagnie, cette sorte de considération que les militaires ont pour ceux qui manient supérieurement l'épée. J'ai entendu dire à un homme d'esprit : Otez à la plaisanterie son empire, et je quitte demain la société. C'est une sorte de duel où il n'y a pas de sang versé, et qui, comme l'autre, rend les hommes plus mesurés et plus polis.

CHAMFORT.

Il ne faut avoir de l'esprit que par mégarde et sans y songer.

FÉNELON.

On ne plaît pas longtemps quand on n'a qu'une sorte d'esprit.

LA ROCHEFOUCAULD.

On n'est point un homme d'esprit pour avoir beaucoup d'idées, comme on n'est pas un bon général pour avoir beaucoup de soldats.

CHAMFORT.

Peu d'esprit avec de la droiture ennuie moins à la longue, que beaucoup d'esprit avec du travers.

LA ROCHEFOUCAULD.

Il n'y a point de sots si incommodes que ceux qui ont de l'esprit.

LA ROCHEFOUCAULD.

On est quelquefois un sot avec de l'esprit, mais on ne l'est jamais avec du jugement.
La Rochefoucauld.

L'esprit ne nous garantit pas des sottises de notre humeur.
Vauvenargues.

Les trois quarts des folies ne sont que des sottises.
Chamfort.

Si la pauvreté est la mère des crimes, le défaut d'esprit en est le père.
La Bruyère.

La sottise mérite toujours ses malheurs.
Rivarol.

Un homme d'esprit serait souvent bien embarrassé sans la compagnie des sots.
Vauvenargues.

Il y a des bêtises qu'un homme d'esprit achèterait.
Voisenon.

L'extravagance des gens d'esprit n'est pas à la longue moins fatigante que celle des sots; il n'y a rien de durable pour la curiosité, pour la conversation, pour le sentiment, sans un mélange de raison.

Sismondi.

Il y en a qui sont sots si doucement qu'ils ne s'en aperçoivent pas du tout : leurs paroles et leur jugement sont toujours d'accord, et ils ne sentent jamais aucun reproche intérieur qui les avertisse de leurs défauts.

Nicole.

On n'imagine pas combien il faut d'esprit pour n'être pas ridicule.

Chamfort.

Je connais des gens qui n'ont d'esprit que ce qu'il leur faut pour être des sots.

Prince de Ligne.

Un sot qui a un moment d'esprit étonne et scandalise, comme des chevaux de fiacre au galop.

Chamfort.

D'apprendre qu'on a dict ou faict une sottise, ce n'est rien que cela : il faut apprendre qu'on n'est qu'un sot ; instruction bien plus ample et importante.

Montaigne.

# L'INTELLIGENCE.

Le sot est comme le peuple, il se croit riche de peu.
VAUVENARGUES.

Le sot qui a beaucoup de mémoire est plein de pensées et de faits; mais il ne sait pas en conclure; tout tient à cela.
VAUVENARGUES.

Quand on court après l'esprit, on attrape la sottise.
MONTESQUIEU.

On trouve des moyens pour guérir de la folie, mais on n'en trouve point pour redresser un esprit de travers.
LA ROCHEFOUCAULD.

Le stupide est un sot qui ne parle point, en cela plus supportable que le sot qui parle.
LA BRUYÈRE.

L'obstination et ardeur d'opinion est la plus seure preuve de bestise : est-il rien certain, resolu, desdaigneux, contemplatif, grave, serieux, comme l'asne ?
MONTAIGNE.

# LE GÉNIE

Quand on a raison vingt-quatre heures avant le commun des hommes, on passe pour n'avoir pas le sens commun pendant vingt-quatre heures.

Rivarol.

La méthode qui veut être en règle se sent déroutée devant le génie.

Sainte-Beuve.

Sans emportement, ou plutôt sans ravissement d'esprit, point de génie.

Joubert.

Combien d'hommes admirables, et qui avaient de très-beaux génies, sont morts sans qu'on en ait parlé ! Combien vivent encore dont on ne parle point et dont on ne parlera jamais !

La Bruyère.

On peut dire de tout vrai génie ce qu'on a dit de l'amour : que c'est un grand recommenceur.

Sainte-Beuve.

Qui ne sçait combien est imperceptible le voisinage d'entre la folie avec les gaillardes eslevations d'un esprit libre, et les effects d'une vertu supreme et extraordinaire ?

Montaigne.

Ce sont après tout les ignorants, comme Pascal, comme Descartes, comme Rousseau, ces hommes qui ont peu lu, mais qui pensent et qui osent, ce sont ceux-là qui remuent bien ou mal et qui font aller le monde.

Sainte-Beuve.

---

## LA PHILOSOPHIE

La clarté est la bonne foi des philosophes.

Vauvenargues.

Qui dit sceptique ne dit pas qui doute, mais qui examine.

Sainte-Beuve.

C'est la philosophie qui découvre les vertus utiles de la morale et de la politique ; c'est l'éloquence qui les rend populaires; c'est la poésie qui les rend pour ainsi dire proverbiales.

CHAMFORT.

Le poëte s'interroge; le philosophe se regarde.

JOUBERT.

La philosophie s'est donné bien de la peine pour faire des traités de la vieillesse et de l'amitié, parce que la nature fait toute seule les traités de la jeunesse et de l'amour.

D'ALEMBERT.

Je dirais volontiers des métaphysiciens ce que Scaliger disait des Basques : « On dit qu'ils s'entendent; mais je n'en crois rien. »

CHAMFORT.

Peu de philosophie mène à mépriser l'érudition; beaucoup de philosophie mène à l'estimer.

CHAMFORT.

Il est des préjugés naturels et non acquis qui précèdent le jugement, et le conduisent où il faut nécessairement qu'il aille, et par les chemins qu'il doit suivre pour faire de justes progrès. On s'égare si l'on se refuse à de tels guides. Le philosophe doit s'y conformer en exposant la vérité ; il peut même emprunter quelquefois aux préjugés de son temps, pourvu qu'il ne leur emprunte jamais leur égarement.

JOUBERT.

Dès qu'un raisonnement attaque l'instinct ou la pratique universels, il peut être difficile à réfuter, mais à coup sûr il est trompeur. Quoiqu'on ne puisse pas parvenir à y répondre, il ne faut pas moins s'obstiner à résister. L'homme sage s'en affranchit en gardant l'opinion commune.

JOUBERT.

La métaphysique rend l'esprit singulièrement ferme ; voilà pourquoi rien n'est si cruel quelquefois qu'un métaphysicien.

JOUBERT.

Un système est une doctrine absolument personnelle à celui qui l'invente. Si elle contredit toutes les autres, le système est mauvais ; si elle les illumine, il est bon, au moins comme système.

JOUBERT.

## LES LETTRES

La littérature est l'expression de la société.

De Bonald.

Les écrivains qui ont de l'influence ne sont que des hommes qui expriment parfaitement ce que les autres pensent, et qui réveillent dans les esprits des idées ou des sentiments qui tendaient à éclore.

Joubert.

On ne peut trouver de poésie nulle part quand on n'en porte pas en soi.

Joubert.

Les ouvrages qu'un auteur fait avec plaisir sont souvent les meilleurs, comme les enfants de l'amour sont les plus beaux.

Chamfort.

C'est un métier que de faire un livre comme de faire une pendule. Il faut plus que de l'esprit pour être auteur. Un magistrat allait par son mérite à la première dignité ; il était homme délié et pratique dans les affaires ; il a fait imprimer un ouvrage moral qui est rare par le ridicule.

La Bruyère.

C'est après l'âge des passions que les grands hommes ont produit leurs chefs-d'œuvre : comme c'est après les éruptions des volcans que la terre est plus fertile.

Chamfort.

Le style est l'homme même.

Buffon.

Rien ne vit que par le style.

Sainte-Beuve.

Ne quittez jamais le naturel, cela compose un style parfait.

Madame de Sévigné.

Il faut écrire le plus possible comme on parle et ne pas parler comme on écrit.

Sainte-Beuve.

Entre toutes les différentes expressions qui peuvent rendre une seule de nos pensées, il n'y en a qu'une seule qui soit la bonne : on ne la rencontre pas toujours en parlant ou en écrivant. Il est vrai néanmoins qu'elle existe, que tout ce qui ne l'est point est faible et ne satisfait point un homme d'esprit qui veut se faire entendre.

La Bruyère.

Il y en a qui masquent toute la nature. Il n'y a point de roi parmi eux, mais un auguste monarque; point de Paris, mais une capitale du royaume. Il y a des endroits où il faut appeler Paris Paris, et d'autres où il faut l'appeler capitale du royaume.

Pascal.

Ce n'est pas tout de faire de belles phrases, il faut avoir quelque chose à mettre dedans.

Talleyrand.

Tout écrivain, pour écrire nettement, doit se mettre à la place de ses lecteurs, examiner son propre ouvrage comme quelque chose qui lui est nouveau, qu'il lit pour la première fois, où il n'a nulle part, et que l'auteur aurait soumis à sa critique, et se persuader ensuite qu'on n'est pas entendu seulement à cause que l'on s'entend soi-même, mais parce qu'on est en effet intelligible.

La Bruyère.

Quand un ouvrage sent la lime, c'est qu'il n'est pas assez poli ; s'il sent l'huile, c'est qu'on a trop peu veillé.

Joubert.

La netteté est le vernis des maîtres.

Vauvenargues.

Spéron-Spéroni explique très-bien comment un auteur qui s'énonce très-clairement pour lui-même est quelquefois obscur pour son lecteur : « C'est, dit-il, que l'auteur va de la pensée à l'expression, et que le lecteur va de l'expression à la pensée. »

Chamfort.

La dernière chose qu'on trouve en faisant un ouvrage est de savoir celle qu'il faut mettre la première.

Pascal.

L'on n'a guère vu jusqu'à présent un chef-d'œuvre d'esprit qui soit l'ouvrage de plusieurs : Homère a fait l'*Iliade*, Virgile l'*Énéide*, Tite-Live ses *Décades*, et l'Orateur romain ses *Oraisons*.

La Bruyère.

Un ouvrage gai peut être l'ouvrage de plusieurs, et non un ouvrage grave, parce que la gravité a besoin d'uniformité et d'harmonie, tandis que la gaieté se compose de saillies et de discordances.

JOUBERT.

Car, comme disait Cleanthes, tout ainsi que la voix, contrainte dans l'estroict canal d'une trompette, sort plus aigue et plus forte; ainsi me semble il que la sentence, pressee aux pieds nombreux de la poésie, s'eslance bien plus brusquement, et me fiert d'une plus vifve secousse.

MONTAIGNE.

Les poëtes sont des enfants avec beaucoup de grandeur d'âme et avec une céleste intelligence.

JOUBERT.

Le talent poétique naît dans les âmes vives de l'impuissance de raisonner.

JOUBERT.

Aimez-le, admirez-le, couronnez-le! mais pensez comme Platon du poëte. Il jouerait à tout instant et sa vie et l'univers pour une imagination, pour un caprice, pour l'éclair d'un désir.

SAINTE-BEUVE.

Le poëte, dit Platon, assis sur le trepied des Muses, verse, de furie, tout ce qui luy vient en la bouche, comme la gargouille d'une fontaine, sans le ruminer et poiser, et luy eschappe des choses de diverse couleur, de contraire substance et d'un cours rompu : luy-mesme est tout poétique ; et la vieille theologie est poésie, disent les sçavants ; et la premiere philosophie, c'est l'original language des dieux.

Montaigne.

Les poëtes sont plus inspirés par les images que par la présence même des objets.

Joubert.

La poésie ne consiste pas à tout dire, mais à tout faire rêver.

Sainte-Beuve.

Les poëtes ont cent fois plus de bon sens que les philosophes. En cherchant le beau, ils rencontrent plus de vérités que les philosophes n'en trouvent en cherchant le vrai.

Joubert.

Les beaux vers sont ceux qui s'exhalent comme des sons ou des parfums.

Joubert.

Il y a de certaines choses dont la médiocrité est insupportable : la poésie, la musique, la peinture, le discours public. Quel supplice que celui d'entendre déclamer pompeusement un froid discours, ou prononcer de médiocres vers avec toute l'emphase d'un mauvais poëte !

La Bruyère.

La mémoire n'aime que ce qui est excellent.

Joubert.

Quand une lecture vous élève l'esprit, et qu'elle vous inspire des sentiments nobles et courageux, ne cherchez pas une autre règle pour juger de l'ouvrage, il est bon et fait de main d'ouvrier.

La Bruyère.

Rien n'est plus commun que les bonnes choses ; il n'est question que de les discerner, et il est certain qu'elles sont toutes naturelles et à notre portée, et même connues de tout le monde. Mais on ne sait pas les distinguer. Ceci est universel, ce n'est pas dans les choses extraordinaires et bizarres que se trouve l'excellence de quelque genre que ce soit. On s'élève pour y arriver, et l'on s'en éloigne ; il faut le plus souvent s'abaisser. Les meilleurs livres sont ceux que chaque lecteur croit qu'il aurait pu faire : la nature, qui seule est bonne, est toute familière et commune.

Pascal.

Le médiocre est l'excellent pour les médiocres.

Joubert.

Bien des gens vont jusqu'à sentir le mérite d'un manuscrit qu'on leur lit, qui ne peuvent se déclarer en sa faveur jusques à ce qu'ils aient vu le cours qu'il aura dans le monde par l'impression, ou quel sera son sort parmi les habiles : ils ne hasardent point leurs suffrages, et ils veulent être portés par la foule et entraînés par la multitude. Ils disent alors qu'ils ont les premiers approuvé cet ouvrage, et que le public est de leur avis.

La Bruyère.

L'étude a été pour moi le souverain remède contre les dégoûts de la vie, n'ayant jamais eu de chagrin qu'une heure de lecture n'ait dissipé.

Montesquieu.

L'amour de l'étude est presque en nous la seule passion éternelle; toutes les autres nous quittent à mesure que cette misérable machine qui nous les donne s'approche de sa ruine... Il faut se faire un bonheur qui nous suive dans tous les âges : la vie est si courte que l'on doit compter pour rien une félicité qui ne dure pas autant que nous.

MONTESQUIEU.

L'étude est de toutes les passions celle qui contribue le plus à notre bonheur, car c'est celle de toutes qui nous fait le moins dépendre des autres.

Madame DU CHATELET.

Aimer à lire, c'est faire un échange des heures d'ennui que l'on doit avoir dans la vie, contre des heures délicieuses.

MONTESQUIEU.

Pour être un grand homme dans les lettres, ou du moins opérer une révolution sensible, il faut, comme dans l'ordre politique, trouver tout préparé et naître à propos.

CHAMFORT.

Il n'est pas si aisé de se faire un nom par un ouvrage parfait que d'en faire valoir un médiocre par le nom qu'on s'est déjà acquis.

LA BRUYÈRE.

Un homme de lettres (j'ai honte de le dire) n'est plus franchement un homme. Là où il devrait être navré de douleur, abîmé de chagrin, dans les situations les plus faites pour l'affliger (perte d'amis, de maîtresse, etc.), il y a toujours en lui un certain endroit d'amour-propre où vous n'avez qu'à le gratter pour le faire sourire.

Sainte-Beuve.

Les gens de lettres aiment ceux qu'ils amusent, comme les voyageurs aiment ceux qu'ils étonnent.

Chamfort.

On se déteste quelquefois toute sa vie dans les lettres sans s'être jamais vus.

Sainte-Beuve.

La sotte occupation que celle de nous empêcher sans cesse de prendre du plaisir, ou de nous faire rougir de celui que nous avons pris!... C'est celle du critique.

Diderot.

La critique peut être considérée comme une ostentation de sa supériorité sur les autres.

Montesquieu.

Le plaisir de la critique nous ôte celui d'être vivement touchés de très-belles choses.

LA BRUYÈRE.

---

## L'ART

Il y a dans l'art un point de perfection comme de bonté ou de maturité dans la nature : celui qui ne le sent pas et qui l'aime a le goût parfait; celui qui ne le sent pas et qui aime en deçà ou au delà a le goût défectueux. Il y a donc un bon et un mauvais goût, et l'on dispute des goûts avec fondement.

LA BRUYÈRE.

Question qui n'est pas aussi ridicule qu'elle le paraîtra : Peut-on avoir le goût pur, quand on a le cœur corrompu?

DIDEROT.

L'agrément est arbitraire. La beauté est quelque chose de plus réel et de plus indépendant du goût et de l'opinion.

LA BRUYÈRE.

Il y a un modèle d'agrément et de beauté qui consiste en un certain rapport entre notre nature, faible ou forte, telle qu'elle est, et la chose qui nous plaît. Tout ce qui est formé sur ce modèle nous agrée : maison, chanson, discours, vers, prose, femmes, oiseaux, rivières, arbres, chambres, habits. Tout ce qui n'est pas sur ce modèle déplaît à ceux qui ont le goût bon.

Pascal.

Il faut en toute espèce d'art une éducation préalable et une première docilité de l'esprit.

Sainte-Beuve.

Le comble de l'habileté, n'est-ce pas d'arriver à l'effet par la simplicité des moyens ?

Eug. Delacroix.

La seule et suprême chose qui mérite d'être aimée, c'est la vérité simple et revêtue de beauté.

Sainte-Beuve.

Ce qui étonne, étonne une fois; mais ce qui est admirable est de plus en plus admiré.

Joubert.

Il n'y a guère d'objets ingrats dans la nature, et le point est de les rendre.

Diderot.

# L'ART.

Combien d'art pour rentrer dans la nature, combien de temps, de règles, d'attention et de travail pour danser avec la même liberté et la même grâce que l'on sait marcher; pour chanter comme on parle; parler et s'exprimer comme l'on pense; jeter autant de force, de vivacité, de passion et de persuasion dans un discours étudié et que l'on prononce dans le public qu'on en a quelquefois naturellement et sans préparation dans les entretiens les plus familiers!

La Bruyère.

En poésie, en éloquence, en musique, en peinture, en sculpture, en raisonnement même, rien n'est beau que ce qui sort de l'âme ou des entrailles. Les entrailles, après l'âme, c'est ce qu'il y a en nous de plus intime.

Joubert.

*Je ne sais ce que cela deviendra,* est un mot qui n'est que d'un musicien, d'un littérateur ou d'un artiste consommé.

Diderot.

Il y a de belles choses qui ont plus d'éclat quand elles demeurent imparfaites que quand elles sont trop achevées.

La Rochefoucauld.

En fait de beaux-arts, et même en beaucoup d'autres choses, on ne sait bien que ce que l'on n'a point appris.

CHAMFORT.

Le beau est plus utile à l'art; mais le sublime est plus utile aux mœurs, parce qu'il élève les esprits.

JOUBERT.

La musique, dans les dangers, élève plus haut la pensée.

JOUBERT.

Quelle vanité que la peinture, qui attire l'admiration par la ressemblance des choses dont on n'admire pas les originaux !

PASCAL.

Avec cinq ou six termes de l'art, et rien de plus, l'on se donne pour connaisseur en musique, en tableaux, en bâtiments et en bonne chère, l'on croit avoir plus de plaisir qu'un autre à entendre, à voir et à manger : l'on impose à ses semblables, et l'on se trompe soi-même.

LA BRUYÈRE.

En France, il semble qu'on aime les arts pour en juger bien plus que pour en jouir.

JOUBERT.

## L'ÉLOQUENCE

L'art de persuader consiste autant en celui d'agréer qu'en celui de convaincre, tant les hommes se gouvernent plus par caprices que par raison.
Pascal.

Lorsque notre âme est pleine de sentiments, nos discours sont pleins d'intérêt.
Vauvenargues.

Les passions sont les seuls orateurs qui persuadent toujours. Elles sont comme un art de la nature dont les règles sont infaillibles; et l'homme le plus simple qui a de la passion persuade mieux que le plus éloquent qui n'en a point.
La Rochefoucauld.

Il y en a qui parlent bien, et qui n'écrivent pas de même. C'est que le lieu, les assistants, etc., les échauffent et tirent de leur esprit plus qu'ils ne trouveraient sans cette chaleur.
Pascal.

L'orateur, dict la rhetorique, en cette farce de son plaidoyer, s'esmouvera par le son de sa voix et par ses agitations feinctes, et se lairra piper à la passion qu'il represente; il s'imprimera en vray dueil et essentiel par le moyen de ce bastelage qu'il force, pour le transmettre aux juges à qui il touche encores moins : comme font les personnes qu'on loue aux mortuaires pour ayder à la ceremonie du dueil, qui vendent leurs larmes à poids et à mesure, et leur tristesse; car encore qu'ils s'esbranlent en forme empruntee, toutesfois, en habituant et rengeant la contenance, il est certain qu'ils s'emportent souvent tout entiers, et receoivent en eulx une vraye melancholie.

Montaigne.

L'orateur a le privilége de croire les choses éloquentes, au moins dans le court instant où il les dit.

Sainte-Beuve.

Ceux qui sont nés éloquents parlent quelquefois avec tant de clarté et de brièveté des grandes choses, que la plupart des hommes n'imaginent pas qu'ils en parlent avec profondeur. Les esprits pesants, les sophistes ne reconnaissent pas la philosophie, lorsque l'éloquence la rend populaire, et qu'elle ose peindre le vrai avec des traits fiers et hardis. Ils traitent de super-

# L'ÉLOQUENCE.

ficielle et de frivole cette splendeur d'expression qui emporte avec elle la preuve des grandes pensées.

VAUVENARGUES.

Quand un discours naturel peint une passion ou un effet, on trouve dans soi-même la vérité de ce qu'on entend, qui y était sans qu'on le sût, et on se sent porté à aimer celui qui nous le fait sentir. Car il ne nous fait pas montre de son bien, mais du nôtre, et ainsi ce bienfait nous le rend aimable; outre que cette communauté d'intelligence, que nous avons avec lui, incline nécessairement le cœur à l'aimer.

PASCAL.

L'éloquence vaut mieux que le savoir.

VAUVENARGUES.

Ceux qui ont le don de la parole et qui sont orateurs ont en main un grand instrument de charlatanisme : heureux s'ils n'en abusent pas.

SAINTE-BEUVE.

Le métier de la parole ressemble en une chose à celui de la guerre; il y a plus de risques qu'ailleurs, mais la fortune y est plus rapide.

LA BRUYÈRE.

Fy de l'eloquence qui nous laisse envie de soy, et non des choses.

Montaigne.

Le peuple appelle éloquence la facilité que quelques-uns ont de parler seuls et longtemps, jointe à l'emportement du geste, à l'éclat de la voix et à la force des poumons.

La Bruyère.

Le vray mirouer de nos discours est le cours de nos vies.

Montaigne.

## LA SCIENCE

Il ne faut point juger des hommes par ce qu'ils ignorent, mais par ce qu'ils savent, et par la manière dont ils le savent.

Vauvenargues.

C'est la profonde ignorance qui inspire le ton dogmatique. Celui qui ne sait rien croit enseigner aux autres ce qu'il vient d'apprendre lui-même; celui qui sait beaucoup pense à peine que ce qu'il dit puisse être ignoré, et parle plus indifféremment.

La Bruyère.

On est d'ordinaire d'autant moins dédaigneux à l'égard des ignorants que l'on sait davantage; car on sait mieux combien on leur ressemble encore.

Fontenelle.

Celui qui a un grand sens sait beaucoup.

Vauvenargues.

Les sciences ont deux extrémités qui se touchent : la première est la pure ignorance naturelle, où se trouvent tous les hommes en naissant; l'autre extrémité est celle où arrivent les grandes âmes, qui, ayant parcouru tout ce que les hommes peuvent savoir, trouvent qu'ils ne savent rien, et se rencontrent dans cette même ignorance d'où ils étaient partis. Mais c'est une ignorance savante qui se connaît. Ceux d'entre eux qui sont sortis de l'ignorance naturelle, et n'ont pu arriver à l'autre, ont quelque teinture de cette science suffisante, et font les entendus. Ceux-là troublent le monde, et jugent plus mal de tout que les autres. Le peuple et les habiles composent pour l'ordinaire le train du monde. Les autres le méprisent et en sont méprisés.

Pascal.

Il n'y a point de contradiction dans la nature.

Vauvenargues.

Il y a des sciences bonnes dont l'existence est nécessaire à la société et la culture inutile aux esprits ; telles sont les mathématiques.

Joubert.

On a observé que les écrivains en physique, histoire naturelle, physiologie, chimie, étaient ordinairement des hommes d'un caractère doux, égal, et en général heureux ; qu'au contraire les écrivains de politique, de législation, même de morale, étaient d'une humeur triste, mélancolique, etc. Rien de plus simple : les uns étudient la nature, les autres la société ; les uns contemplent l'ouvrage du grand Être, les autres arrêtent leurs regards sur l'ouvrage de l'homme. Les résultats doivent être différents.

Chamfort.

Ce qui doit dégoûter de la science, c'est que jamais elle ne nous apprendra ni l'origine du monde, ni le premier principe des êtres, ni leur destination.

Sénac de Meilhan.

# LA SCIENCE.

C'est, à la vérité, une tres-utile et grande partie que la science ; ceux qui la mesprisent tesmoignent assez leur bestise ; mais je n'estime pas pourtant sa valeur jusques à cette mesure extreme qu'aulcuns lui attribuent, comme Herillus le philosophie, qui logeoit en elle le souverain bien, et tenoit qu'il feust en elle de nous rendre sages et contents ; ce que je ne crois pas : ny ce que d'aultres ont dict, que la science est mere de toute vertu, et que tout vice est produit par l'ignorance. Si cela est vray, il est subject à une longue interpretation.

MONTAIGNE.

# L'ACTIVITÉ

L'ame qui n'a point de but estably, elle se perd.

MONTAIGNE.

L'homme est né pour l'action, comme le feu tend en haut et la pierre en bas.

VOLTAIRE.

Notre nature est dans le mouvement; le repos entier, c'est la mort.

PASCAL.

Vivre, ce n'est pas respirer, c'est agir.

J. J. ROUSSEAU.

Le mouvement, quel qu'il soit, et tant qu'on peut se le donner, est le plus grand bien de l'esprit et du corps.

SAINTE-BEUVE.

# L'ACTIVITÉ.

La vie contemplative est souvent misérable; il faut agir davantage, penser moins et ne pas se regarder vivre.

CHAMFORT.

Le fruit du travail est le plus doux des plaisirs.

VAUVENARGUES.

Le propre des travailleurs est de se perfectionner.

SAINTE-BEUVE.

Les hommes actifs supportent plus impatiemment l'ennui que le travail.

VAUVENARGUES.

L'homme ne se propose le repos que pour s'affranchir de la sujétion et du travail, mais il ne peut jouir que par l'action et n'aime qu'elle.

VAUVENARGUES.

Je vais au fait; c'est ma devise.

VOLTAIRE.

C'est une violente maistresse d'eschole que la nécessité.

MONTAIGNE.

Pour bien faire une chose, il ne suffit pas de la savoir, il faut s'y plaire et ne pas s'en ennuyer.

Le chevalier DE MÉRÉ.

Les idées claires servent à parler ; mais c'est presque toujours par quelques idées confuses que nous agissons : ce sont elles qui mènent la vie.

JOUBERT.

Trop comprendre est souvent une difficulté de plus pour agir.

SAINTE-BEUVE.

Il est un grand nombre de décisions où le jugement n'intervient pas. On décide sans évidence, de lassitude, avec précipitation, pour terminer un examen qui ennuie, ou pour faire cesser en soi une incertitude qui tourmente ; on décide enfin par volonté et non par intelligence.

JOUBERT.

La fortune nous corrige de plusieurs défauts que la raison ne saurait corriger.

LA ROCHEFOUCAULD.

Les grandes choses étonnent, et les petites rebutent ;

nous nous apprivoisons avec les unes et les autres par l'habitude.

La Bruyère.

Il faut, quand on agit, se conformer aux règles, et, quand on juge, avoir égard aux exceptions.

Joubert.

La plus fausse des philosophies est celle qui, sous prétexte d'affranchir les hommes des embarras des passions, leur conseille l'oisiveté, l'abandon et l'oubli d'eux-mêmes.

Vauvenargues.

La liberté n'est pas oisiveté, c'est un usage libre du temps, c'est le choix du travail et de l'exercice ; être libre, en un mot, n'est pas ne rien faire, c'est être seul arbitre de ce qu'on fait ou de ce qu'on ne fait point : quel bien en ce sens que la liberté !

La Bruyère.

Il faut, en France, beaucoup de fermeté et une grande étendue d'esprit pour se passer des charges et des emplois, et consentir ainsi à demeurer chez soi et à ne rien faire. Personne presque n'a assez de mérite pour jouer ce rôle avec dignité, ni assez de fond pour remplir le vide du temps, sans ce que le vulgaire appelle des affaires. Il ne manque cependant à l'oisiveté du sage qu'un meilleur nom, et que méditer, parler, lire et être tranquille s'appelât travailler.

La Bruyère.

---

## L'INTÉRÊT

Ce que nous prenons pour des vertus, n'est souvent qu'un assemblage de diverses actions et de divers intérêts que la fortune ou notre industrie savent arranger ; et ce n'est pas toujours par valeur et par chasteté que les hommes sont vaillants et que les femmes sont chastes.

La Rochefoucauld.

C'est la misere de nostre condition, que souvent ce qui se presente à nostre imagination pour le plus vray, ne s'y presente pas pour le plus utile à nostre vie.

Montaigne.

Il y a de la différence entre un esprit utile et un esprit d'affaires ; on peut entendre les affaires sans s'appliquer

# L'INTÉRÊT.

à son intérêt particulier : il y a des gens habiles dans tout ce qui ne les regarde pas, et très-malhabiles dans tout ce qui les regarde ; et il y en a d'autres, au contraire, qui ont une habileté bornée à ce qui les touche, et qui savent trouver leur avantage en toutes choses.

La Rochefoucauld.

Les sots admirent qu'un homme à talents ne soit pas une bête sur ses intérêts.

Vauvenargues.

Nous aurions souvent honte de nos plus belles actions si le monde voyait tous les motifs qui les produisent.

La Rochefoucauld.

L'intérêt parle toutes sortes de langues, et joue toutes sortes de personnages, même celui de désintéressé.

La Rochefoucauld.

Le nom de la vertu sert à l'intérêt aussi utilement que les vices.

La Rochefoucauld.

Le philosophe ne pratique que l'intérêt et ne prêche que l'idée pure.

Sainte-Beuve.

L'intérêt met en œuvre toutes sortes de vertus et de vices.

La Rochefoucauld.

L'intérêt, que l'on accuse de tous nos crimes, mérite souvent d'être loué de nos bonnes actions.

La Rochefoucauld.

Ce que les poëtes, les orateurs, même quelques philosophes nous disent sur l'amour de la gloire, on nous le disait au collége pour nous engager à avoir les prix. Ce que l'on dit aux enfants pour les engager à préférer à une tartelette les louanges de leurs bonnes, c'est ce qu'on répète aux hommes pour leur faire préférer à un intérêt personnel les éloges de leurs contemporains ou de la postérité.

Chamfort.

Il y a des semences de bonté et de justice dans le cœur de l'homme, si l'intérêt propre y domine. J'ose dire que cela est non-seulement selon la nature, mais aussi selon la justice, pourvu que personne ne souffre de cet amour-propre, ou que la société y perde moins qu'elle n'y gagne.

Vauvenargues.

Écoutez un blasphème : La Bruyère, La Rochefoucauld, sont des livres bien communs, bien plats, en comparaison de ce qui se pratique de ruses, de finesses, de politique, de raisonnements profonds, un jour de marché à la halle. Aussi remarque-t-on bien la différence entre l'homme qui a vécu et l'homme qui a médité ; ce sont les deux architectes athéniens : celui qui sait dire et celui qui sait faire.

Diderot.

## L'AMBITION

Celui qui va en la presse, il fault qu'il gauchisse, qu'il serre ses coudes, qu'il recule ou qu'il advance, voire qu'il quitte le droict chemin, selon ce qu'il rencontre ; qu'il vive non tant selon soy que selon aultruy, non selon ce qu'il se propose, mais selon ce qu'on luy propose, selon le temps, selon les hommes, selon les affaires.

Montaigne.

L'esclave n'a qu'un maître ; l'ambitieux en a autant qu'il y a de gens utiles à sa fortune.

La Bruyère.

Le lâche a moins d'affronts à dévorer que l'ambitieux.

VAUVENARGUES.

Il me plaist de veoir combien il y a de lascheté et pusillanimité en l'ambition ; par combien d'abjection et de servitude il luy fault arriver à son but.

MONTAIGNE.

L'amour de la gloire, la crainte de la honte, le dessein de faire fortune, le désir de rendre notre vie commode et agréable, et l'envie d'abaisser les autres, sont souvent les causes de cette valeur si célèbre parmi les hommes.

LA ROCHEFOUCAULD.

Je crois pouvoir dire d'un poste éminent et délicat qu'on y monte plus aisément qu'on ne s'y conserve.

LA BRUYÈRE.

Tous les hommes se jugent dignes des plus grandes places ; mais la nature, qui ne les en a pas rendus capables, fait aussi qu'ils se tiennent très-contents dans les dernières.

VAUVENARGUES.

# L'AMBITION.

Un homme qui a vécu dans l'intrigue un certain temps ne peut plus s'en passer ; toute autre vie pour lui est languissante.
La Bruyère.

L'ambitieux qui a manqué son objet, et qui vit dans le désespoir, me rappelle Ixion mis sur la roue pour avoir embrassé un nuage.
Chamfort.

La plus contraire humeur à la retraicte, c'est l'ambition ; la gloire et le repos sont choses qui ne peuvent se loger au mesme giste.
Montaigne.

La modération ne peut avoir le mérite de combattre l'ambition et de la soumettre : elles ne se trouvent jamais ensemble. La modération est la langueur et la paresse de l'âme, comme l'ambition en est l'activité et l'ardeur.
La Rochefoucauld.

On passe souvent de l'amour à l'ambition ; mais on ne revient guère de l'ambition à l'amour.
La Rochefoucauld.

L'ambition est une passion dangereuse et vaine, mais ce serait un malheur pour la plupart des hommes d'en être totalement dénués; elle sert à occuper l'esprit, à préserver de l'ennui qui naît de la satiété; elle s'oppose dans la jeunesse à l'abus des plaisirs qui entraîneraient trop vivement; elle les remplace en partie dans la vieillesse, et sert à entretenir dans l'esprit une activité qui fait sentir l'existence et ranime nos facultés.

Sénac de Meilhan.

## LE SUCCÈS

Les feux de l'aurore ne sont pas si doux que les premiers regards de la gloire.
Vauvenargues.

On ne vaut dans ce monde que ce qu'on veut valoir.
La Bruyère.

La fortune et l'humeur gouvernent le monde.
La Rochefoucauld.

Le hasard est ordinairement heureux pour l'homme prudent.
Joubert.

# LE SUCCÈS.

Quelques grands avantages que la nature donne, ce n'est pas elle seule, mais la fortune avec elle, qui fait les héros.
La Rochefoucauld.

La nature a mis dans l'âme et dans le caractère de celui qu'elle destine aux grandes actions, une sorte de verve semblable à celle qui crée les chefs-d'œuvre.
Michaud.

Quiconque aura sa vie à mespris se rendra tousjours maistre de celle d'aultruy.
Montaigne.

Qui sait tout souffrir peut tout oser.
Vauvenargues.

Les espérances les plus ridicules et les plus hardies ont été quelquefois la cause des succès extraordinaires.
Vauvenargues.

L'activité fait plus de fortunes que la prudence.
Vauvenargues.

Le succès de la plupart des choses dépend de savoir combien il faut de temps pour réussir.
Montesquieu.

## L'ACTIVITÉ.

Il n'est rien dans le monde qui n'ait son moment décisif, et le chef-d'œuvre de la bonne conduite est de connaître et de prendre ce moment.

Cardinal DE RETZ.

On n'est pas né pour la gloire lorsqu'on ne connait pas le prix du temps.

VAUVENARGUES.

Pour exécuter de grandes choses, il faut vivre comme si on ne devait jamais mourir.

VAUVENARGUES.

On ne doit pas juger du mérite d'un homme par ses grandes qualités, mais par l'usage qu'il en sait faire.

LA ROCHEFOUCAULD.

Ce n'est pas assez d'avoir de grandes qualités; il en faut avoir l'économie.

LA ROCHEFOUCAULD.

Il ne faut pas beaucoup de réflexions pour faire cuire un poulet; et cependant nous voyons des hommes qui sont toute leur vie mauvais rôtisseurs. Tant il est nécessaire, dans tous les métiers, d'y être appelé par un

instinct particulier et comme indépendant de la raison.
Vauvenargues.

Un habile homme doit régler le rang de ses intérêts, et les conduire chacun dans son ordre. Notre avidité le trouble souvent, en nous faisant courir à tant de choses à la fois, que pour désirer trop les moins importantes, on manque les plus considérables.
La Rochefoucauld.

L'art de savoir bien mettre en œuvre de médiocres qualités dérobe l'estime et donne souvent plus de réputation que le véritable mérite.
La Rochefoucauld.

La gravité est un mystère du corps inventé pour cacher les défauts de l'esprit.
La Rochefoucauld.

Et pourtant leur est le silence, non-seulement contenance de respect et de gravité, mais encores souvent de proufit et de mesnage... A combien de sottes ames, en mon temps, a servy une mine froide et taciturne, de tiltre de prudence et de capacité !
Montaigne.

Pour s'établir dans le monde, on fait tout ce qu'on peut pour y paraître établi.

La Rochefoucauld.

On croirait que l'habitude d'offenser rendrait ceux qui l'ont contractée incapables de se plier aux moyens de travailler à leur fortune. Point du tout; il vaut mieux inspirer la crainte que l'estime.

Duclos.

Il n'y a au monde que deux manières de s'élever : ou par sa propre industrie, ou par l'imbécillité des autres.

La Bruyère.

La souveraine habileté consiste à bien connaître le prix des choses.

La Rochefoucauld.

C'est une grande habileté que de savoir cacher son habileté.

La Rochefoucauld.

Le désir de paraître habile empêche souvent de le devenir.

La Rochefoucauld.

Rien n'est plus habile qu'une conduite irréprochable.

Madame DE MAINTENON.

En cette incertitude et perplexité que nous apporte l'impuissance de veoir et choisir ce qui est le plus commode, pour les difficultez que les accidents et circonstances de chaque chose tirent, le plus seur, quand aultre circonstance ne nous y convieroit, est, à mon advis, de se rejecter au party où il y a le plus d'honnesteté et de justice; et, puisqu'on est en doulte du plus court chemin, tenir toujours le droict.

MONTAIGNE.

La probité, qui empêche les esprits médiocres de parvenir à leurs fins, est un moyen de plus de réussir pour les habiles.

VAUVENARGUES.

Vous demandez comment on fait fortune. Voyez ce qui se passe au parterre d'un spectacle, le jour où il y a foule, comme les uns restent en arrière, comme les premiers reculent, comme les derniers sont portés en avant. Cette image est si juste, que le mot qui l'exprime a passé dans le langage du peúple. Il appelle faire fortune *se pousser*. *Mon fils, mon neveu se poussera.* Les honnêtes gens disent : *s'avancer, avancer, arriver,* termes adoucis, qui écartent l'idée accessoire de force, de violence, de grossièreté, mais qui laissent subsister l'idée principale.

Chamfort.

De quoi n'est point capable un courtisan dans la vue de sa fortune, si, pour ne la pas manquer, il devient dévot?

La Bruyère.

Ce qui explique le mieux comment le malhonnête homme, et quelquefois même le sot, réussissent presque toujours mieux, dans le monde, que l'honnête homme et que l'homme d'esprit, à faire leur chemin, c'est que le malhonnête homme et le sot ont moins de peine à se mettre au courant et au ton du monde, qui, en général, n'est que malhonnêteté et sottise; au lieu que l'honnête homme et l'homme sensé, ne pouvant pas entrer sitôt en commerce avec le monde, perdent un temps précieux pour la fortune. Les uns sont des marchands qui, sachant la langue du pays, vendent et s'approvisionnent tout de suite; tandis que les autres sont obligés d'apprendre la langue de leurs vendeurs et de leurs chalands avant que d'exposer leur marchandise et d'entrer en traité avec eux : souvent même ils dédaignent d'apprendre cette langue, et alors ils s'en retournent sans étrenner.

Chamfort.

Les gens d'esprit font beaucoup de fautes en conduite, parce qu'ils ne croient jamais le monde aussi bête qu'il est.

Madame de Tencin.

Il y a, pour arriver aux dignités, ce qu'on appelle la grande voie ou le chemin battu; il y a le chemin détourné ou de traverse, qui est le plus court.

La Bruyère.

C'est moins la fertilité de l'esprit qui nous fait trouver plusieurs expédients sur une même affaire, que ce n'est le défaut de lumière qui nous fait arrêter à tout ce qui se présente à notre imagination, et qui nous empêche de discerner d'abord ce qui est le meilleur.

La Rochefoucauld.

Ceux qui s'appliquent trop aux petites choses deviennent ordinairement incapables des grandes.

La Rochefoucauld.

## L'ACTIVITÉ.

L'on voit des hommes tomber d'une haute fortune par les mêmes défauts qui les y avaient fait monter.

La Bruyère.

La faveur met l'homme au-dessus de ses égaux, et sa chute au-dessous.

La Bruyère.

Les habiles ne rebutent personne.

Vauvenargues.

Ceux qui croient n'avoir plus besoin d'autrui deviennent intraitables.

Vauvenargues.

Le désir d'exceller en tout, en bien comme en mal, est le principe de toute grande chose.

Sainte-Beuve.

## LA PARESSE

L'activité naît d'une force inquiète ; la paresse, d'une impuissance paisible.

Vauvenargues.

# LA PARESSE.

La paresse est de toutes nos passions celle qui nous est le plus inconnue à nous-mêmes. Nulle autre n'est plus ardente et plus maligne, quoique les dommages qu'elle cause soient très-cachés. Si nous considérons attentivement son influence, nous verrons qu'en toute occasion elle se rend maîtresse de nos sentiments, de nos intérêts et de nos plaisirs : c'est la *rémore* qui arrête les plus grands vaisseaux ; c'est une bonace plus dangereuse aux plus importantes affaires que les écueils et les tempêtes. Le repos de la paresse est un charme secret de l'âme qui suspend nos plus ardentes poursuites et nos plus fermes résolutions.

La Rochefoucauld.

C'est se tromper que de croire qu'il n'y ait que les violentes passions, comme l'ambition et l'amour, qui puissent triompher des autres. La paresse, toute languissante qu'elle est, ne laisse pas d'en être souvent la maîtresse ; elle usurpe sur tous les desseins et sur toutes les actions de la vie, elle y détruit et y consume insensiblement les passions et les vertus.

La Rochefoucauld.

La plupart des hommes, pour arriver à leurs fins, sont plus capables d'un grand effort que d'une longue persévérance. Leur paresse ou leur inconstance leur fait perdre le fruit des meilleurs commencements. Ils se laissent souvent devancer par d'autres qui sont partis après eux, et qui marchent lentement, mais constamment.

La Bruyère.

De tous nos défauts, celui dont nous demeurons le plus aisément d'accord, c'est la paresse. Nous nous persuadons qu'elle tient à toutes les vertus paisibles, et que sans détruire entièrement les autres, elle en suspend seulement les fonctions.

La Rochefoucauld.

Quand la fortune nous exempte du travail, la nature nous accable du temps.

Rivarol.

On aurait dû mettre l'oisiveté continuelle parmi les peines de l'enfer; il me semble, au contraire, qu'on l'a mise parmi les joies du paradis.

Montesquieu.

Robinson, dans son île, privé de tout, et forcé aux plus pénibles travaux pour assurer sa subsistance journalière, supporte la vie, et même goûte, de son aveu, plusieurs moments de bonheur. Supposez qu'il soit dans une île enchantée, pourvue de tout ce qui est agréable à la vie, peut-être le désœuvrement lui eût-il rendu l'existence insupportable.

CHAMFORT.

Vous trouverez fort peu de paresseux que l'oisiveté n'incommode; et si vous entrez dans un café, vous verrez qu'on y joue aux dames.

VAUVENARGUES.

Les paresseux ont toujours envie de faire quelque chose.

VAUVENARGUES.

Il n'y en a point qui pressent tant les autres que les paresseux; lorsqu'ils ont satisfait à leur paresse, ils veulent paraître diligents.

LA ROCHEFOUCAULD.

La stérilité de sentiment nourrit la paresse.

VAUVENARGUES.

La paresse n'est dans certains esprits que le dégoût de la vie; dans d'autres, c'en est le mépris.

RIVAROL.

Les personnes sans énergie laissent aller les choses comme elles vont, espérant toujours que tout ira bien.

Madame Riccoboni.

C'est un terrible avantage de n'avoir rien fait, mais il ne faut pas en abuser.

Rivarol.

La médiocrité d'esprit et la paresse font plus de philosophes que la réflexion.

Vauvenargues.

# L'HOMME

Certes c'est un subject merveilleusement vain, divers et ondoyant que l'homme ; il est malaysé d'y fonder jugement constant et uniforme.
MONTAIGNE.

L'homme, en tout et partout, n'est que rapiecement et bigarrure.
MONTAIGNE.

L'homme n'est ni ange ni bête; et le malheur veut que qui veut faire l'ange fait la bête.
PASCAL.

Il n'est point ame si chestifve et brutale, en laquelle on ne veoye reluire quelque faculté particuliere; il n'y en a point de si ensepvelie, qui ne face une saillie par quelque bout.
MONTAIGNE.

Des sentiments élevés, des affections vives, des goûts simples font un homme.

De Bonald.

Les plus belles ames sont celles qui ont le plus de variété et de souplesse.

Montaigne.

L'esprit du plus grand homme du monde n'est pas si indépendant qu'il ne soit sujet à être troublé par le moindre tintamarre qui se fait autour de lui ; il ne faut pas le bruit d'un canon pour empêcher ses pensées, il ne faut que le bruit d'une girouette ou d'une poulie. Ne vous étonnez pas s'il ne raisonne pas bien à présent, une mouche bourdonne à ses oreilles, c'en est assez pour le rendre incapable de bon conseil. Si vous voulez qu'il puisse trouver la vérité, chassez cet animal qui tient sa raison en échec et trouble cette puissante intelligence qui gouverne les villes et les royaumes.

Pascal.

Lorsque nous appelons les réflexions, elles nous fuient; et quand nous voulons les chasser, elles nous obsèdent, et tiennent malgré nous nos yeux ouverts pendant la nuit.

Vauvenargues.

# L'HOMME.

Le plus grand philosophe du monde, sur une planche plus large qu'il ne faut pour marcher à son ordinaire, s'il y a dessous un précipice, quoique sa raison le convainque de sa sûreté, son imagination prévaudra. Plusieurs ne sauraient en soutenir la vue sans pâlir et suer. Je ne veux pas en rapporter tous les effets. Qui ne sait qu'il y en a à qui la vue des chats, des rats, l'écrasement d'un charbon, emportent la raison hors des gonds?

Pascal.

Ne diriez-vous pas que ce magistrat, dont la vieillesse vénérable impose le respect à tout un peuple, se gouverne par une raison pure et sublime, et qu'il juge des choses par leur nature, sans s'arrêter aux vaines circonstances, qui ne blessent que l'imagination des faibles? Voyez-le entrer dans la place où il doit rendre la justice. Le voilà prêt à écouter avec une gravité exemplaire. Si l'avocat vient à paraître, et que la nature lui ait donné une voix enrouée et un tour de visage bizarre, que son barbier l'ait mal rasé, et si le hasard l'a encore barbouillé, je parie la perte de la gravité de ce magistrat.

Pascal.

Il y a une grande différence entre la connaissance de l'homme et la connaissance des hommes. Pour connaître l'homme il suffit de s'étudier soi-même ; pour connaître les hommes il faut les pratiquer.

Duclos.

Il est plus aisé de connaître l'homme en général que de connaître un homme en particulier.

La Rochefoucauld.

Les occasions nous font connaître aux autres, et encore plus à nous-mêmes.

La Rochefoucauld.

En approfondissant les hommes, on rencontre des vérités humiliantes, mais incontestables.

Vauvenargues.

## L'AMOUR-PROPRE

Il me semble que la mere nourrice des plus faulses opinions, et publicques et particulieres, c'est la trop bonne opinion que l'homme a de soy.

Montaigne.

L'amour-propre est le plus grand de tous les flatteurs.

La Rochefoucauld.

# L'AMOUR-PROPRE.

Est-il contre la raison ou la justice de s'aimer soi-même? Et pourquoi voulons-nous que l'amour-propre soit toujours un vice?

VAUVENARGUES.

Posons pour maxime incontestable que les premiers mouvements de la nature sont toujours droits : il n'y a point de perversité originelle dans le cœur humain. Il ne s'y trouve pas un seul vice dont on ne puisse dire comment et par où il y est entré. La seule passion naturelle à l'homme est l'amour de soi-même, ou l'amour-propre pris dans un sens étendu. Cet amour-propre, en soi ou relativement à nous, est bon et utile, et comme il n'a point de rapport nécessaire avec autrui, il est à cet égard naturellement indifférent ; il ne devient bon ou mauvais que par l'application qu'on en fait et les relations qu'on lui donne.

J. J. ROUSSEAU.

Notre amour-propre souffre plus impatiemment la condamnation de nos goûts que de nos opinions.

LA ROCHEFOUCAULD.

Nous ne trouvons guère de gens de bon sens que ceux qui sont de notre avis.

LA ROCHEFOUCAULD.

Je ne trouve que moi dans le monde, qui ai toujours raison.

Madame DE LA FERTÉ.

Rien ne doit tant diminuer la satisfaction que nous avons de nous-mêmes, que de voir que nous désapprouvons dans un temps ce que nous approuvions dans un autre.

LA ROCHEFOUCAULD.

Quelque bien qu'on nous dise de nous, on ne nous apprend rien de nouveau.

LA ROCHEFOUCAULD.

Tel parle d'un autre et en fait un portrait affreux, qui ne voit pas qu'il se peint lui-même.

LA BRUYÈRE.

Celui qui croit pouvoir trouver en soi-même de quoi se passer de tout le monde se trompe fort; mais celui qui croit qu'on ne peut se passer de lui se trompe encore davantage.

LA ROCHEFOUCAULD.

L'homme qui n'aime que soi ne hait rien tant que d'être seul avec soi.

PASCAL.

La fidélité qui paraît en la plupart des hommes n'est qu'une invention de l'amour-propre pour attirer la confiance ; c'est un moyen de nous élever au-dessus des autres et de nous rendre dépositaires des choses les plus importantes.

La Rochefoucauld.

L'orgueil a plus de part que la bonté aux remontrances que nous faisons à ceux qui commettent des fautes ; et nous ne les reprenons pas tant pour les en corriger, que pour leur persuader que nous en sommes exempts.

La Rochefoucauld.

L'orgueil est le premier des tyrans ou des consolateurs.

Duclos.

C'est par amour-propre que l'on aime tant les gens modestes.

Duc de Lévis.

Il y a des hommes qui, sans y penser, se forment une idée de leur figure, qu'ils empruntent du sentiment qui les domine ; et c'est peut-être par cette raison qu'un fat se croit toujours beau.

Vauvenargues.

Les mouvements les plus naturels et les plus ordinaires sont ceux qui se font le moins sentir : cela est vrai jusque dans la morale. Le mouvement de l'amour-propre nous est si naturel, que le plus souvent nous ne le sentons pas, et que nous croyons agir par d'autres principes.

Fontenelle.

Cacher son amour-propre et caresser celui d'autrui est le contraire de ce que font les hommes, et c'est cependant le seul moyen d'avoir avec eux des rapports agréables et de leur plaire.

Sénac de Meilhan.

Les hommes comptent presque pour rien toutes les vertus du cœur, et idolâtrent les talents du corps et de l'esprit : celui qui dit froidement de soi, et sans croire blesser la modestie, qu'il est bon, qu'il est constant, fidèle, sincère, équitable, reconnaissant, n'ose dire qu'il est vif, qu'il a les dents belles et la peau douce : cela est trop fort.

Il est vrai qu'il y a deux vertus que les hommes admirent, la bravoure et la libéralité, parce qu'il y a deux choses qu'ils estiment beaucoup, et que ces vertus font négliger, la vie et l'argent : aussi personne n'avance de soi qu'il est brave ou libéral. Personne ne dit de soi, et surtout sans fondement, qu'il est beau, qu'il est généreux, qu'il est sublime ; on a mis ces qualités à un trop haut prix ; on se contente de le penser.

La Bruyère.

## LE CARACTÈRE

C'est avec le caractère plutôt qu'avec les idées qu'on se gouverne.

Sainte-Beuve.

Le sentiment de nos forces les augmente.

Vauvenargues.

On ne peut répondre de son courage, quand on n'a jamais été dans le péril.

La Rochefoucauld.

L'honnête homme ne jure jamais ; il se contente de dire : Cela est, ou : Cela n'est pas; son caractère jure pour lui.

La Bruyère.

Celui qui s'impose à soi-même impose à d'autres.

Vauvenargues.

Il y a peu d'hommes à grand caractère qui n'aient quelque chose de romanesque dans la tête ou dans le cœur. L'homme qui en est entièrement dépourvu, quelque honnêteté, quelque esprit qu'il puisse avoir, est, à l'égard du grand caractère, ce qu'un artiste, d'ailleurs très-habile, mais qui n'aspire point au beau idéal, est à l'égard de l'artiste, homme de génie, qui s'est rendu ce beau idéal familier.

Chamfort.

On peut tout acquérir dans la solitude, hormis le caractère.

Stendhal.

Presque tous les hommes sont esclaves, par la raison que les Spartiates donnaient de la servitude des Perses, faute de savoir prononcer la syllabe *non*. Savoir prononcer ce mot et savoir vivre seul, sont les deux seuls moyens de conserver sa liberté et son caractère.

Chamfort.

Le respect se rend à l'empire qu'on a sur soi-même ou qu'on exerce sur les autres. C'est un sentiment commandé et prélevé comme un tribut.

Joubert.

Ce qui manque le plus de nos jours, c'est le respect

dans l'ordre moral, et l'attention dans l'ordre intellectuel.

Royer-Collard.

J'entends par distinction une certaine hauteur ou réserve naturelle mêlée de simplicité.

Sainte-Beuve.

Tous les caractères sont bons et sains en eux-mêmes. Il n'y a point d'erreurs dans la nature. Tous les vices qu'on impute au naturel sont l'effet des mauvaises formes qu'il a reçues. Il n'y a point de scélérats dont les penchants mieux dirigés n'eussent produit de grandes vertus.

J. J. Rousseau.

En général les hommes ont moins de méchanceté que de faiblesse et d'inconstance.

L'abbé Barthélemy.

Les gens faibles sont les troupes légères de l'armée des méchants. Ils font plus de mal que l'armée même ; ils infectent et ils ravagent.

Chamfort.

La faiblesse est le seul défaut qu'on ne saurait corriger.

La Rochefoucauld.

La raison est presque impuissante pour les faibles.

VAUVENARGUES.

La faiblesse est plus opposée à la vertu que le vice.

LA ROCHEFOUCAULD.

La haine des faibles n'est pas si dangereuse que leur amitié.

VAUVENARGUES.

Il n'y a que les personnes qui ont de la fermeté qui puissent avoir une véritable douceur ; celles qui paraissent douces n'ont d'ordinaire que de la faiblesse, qui se convertit aisément en aigreur.

LA ROCHEFOUCAULD.

Il y a des faiblesses, si on l'ose dire, inséparables de notre nature.

VAUVENARGUES.

Les hommes sont ainsi faits, qu'ils se sentent portés à mépriser jusqu'à la bonté en personne chez un supérieur, s'il est faible.

SAINTE-BEUVE.

Il est difficile de décider si l'irrésolution rend l'homme plus malheureux que méprisable : de même

s'il y a toujours plus d'inconvénients à prendre un mauvais parti qu'à n'en prendre aucun.
La Bruyère.

Ce qu'il y a de plus caractéristique dans les hommes pris en masse, et de plus fait pour étonner ceux mêmes qui croient le mieux les connaître, ce n'est pas tant leur méchanceté, ce n'est pas leur folie (ils n'y donnent guère que par accès); ce qu'il y a de plus étonnant chez les hommes et de plus méprisable en eux, c'est encore leur bassesse et leur platitude.
Sainte-Beuve.

Le bon sens se forme d'un goût naturel pour la justesse et la médiocrité : c'est une qualité du caractère plutôt encore que de l'esprit. Pour avoir beaucoup de bon sens, il faut être fait de manière que la raison domine sur le sentiment, l'expérience sur le raisonnement.
Vauvenargues.

En France, on a le pédantisme de la légèreté.
Madame de Stael.

Les Français naissent légers, mais ils naissent modérés. Ils ont un esprit leste, agréable et peu imposant.

Parmi eux, les sages même, dans leurs écrits, semblent être de jeunes hommes.
Joubert.

Un homme d'esprit et d'un caractère simple et droit peut tomber dans quelque piége ; il ne pense pas que personne veuille lui en dresser et le choisir pour être sa dupe; cette confiance le rend moins précautionné, et les mauvais plaisants l'entament par cet endroit. Il n'y a qu'à perdre pour ceux qui en viendraient à une seconde charge, il n'est trompé qu'une fois.
La Bruyère.

# L'HUMEUR

Notre humeur met le prix à tout ce qui nous vient de la fortune.
La Rochefoucauld.

Ce qu'on appelle humeur est une chose trop négligée parmi les hommes; ils devraient comprendre qu'il ne leur suffit pas d'être bons, mais qu'ils doivent encore paraître tels, du moins s'ils tendent à être sociables, capables d'union et de commerce, c'est-à-dire à être des hommes. L'on n'exige pas des âmes malignes qu'elles aient de la douceur et de la souplesse ; elle ne leur manque jamais, et elle leur sert de piége pour surprendre les simples et pour faire valoir leurs artifices : l'on désirerait de ceux qui ont un bon cœur qu'ils fussent toujours pliants, faciles, complaisants, et qu'il fût moins vrai quelquefois que ce sont les méchants qui nuisent et les bons qui font souffrir.

La Bruyère.

Il y a plus de défauts dans l'humeur que dans l'esprit.

La Rochefoucauld.

Les hommes, en un même jour, ouvrent leur âme à de petites joies, et se laissent dominer par de petits chagrins ; rien n'est plus inégal et moins suivi que ce qui se passe en si peu de temps dans leur cœur et dans leur esprit. Le remède à ce mal est de n'estimer les choses du monde précisément que ce qu'elles valent.

La Bruyère.

Je veux une humeur plus commode et plus traitable, un homme humain, qui, ne prétendant point à être meilleur que les autres hommes, s'étonne et s'afflige de les trouver plus fous encore ou plus faibles que lui ; qui connaît leur malice, mais qui la souffre ; qui sait encore aimer un ami ingrat ou une maîtresse infidèle.

Vauvenargues.

La modération des personnes heureuses vient du calme que la bonne fortune donne à leur humeur.

La Rochefoucauld.

Ne nous emportons point contre les hommes en voyant leur dureté, leur ingratitude, leur injustice, leur fierté, l'amour d'eux-mêmes et l'oubli des autres ; ils sont ainsi faits, c'est leur nature ; s'en fâcher, c'est ne pouvoir supporter que la pierre tombe ou que le feu s'élève.

La Bruyère.

La philosophie triomphe aisément des maux passés et des maux à venir ; mais les maux présents triomphent d'elle.

La Rochefoucauld.

L'homme qui chante lorsqu'il est seul, et, pour ainsi dire, livré au désœuvrement de la machine, a par cela même dans sa position quelque équilibre, quelque harmonie ; toutes ses cordes sont d'accord.

Joubert.

La plus perdue de toutes les journées est celle où l'on n'a pas ri.

Chamfort.

# L'HUMEUR.

Dans les festins, il suffit d'être joyeux pour être aimable.
JOUBERT.

Pour avoir de la joie, il faut être avec des gens réjouis.
Madame DE SÉVIGNÉ.

Un homme gai n'est souvent qu'un infortuné qui cherche à donner le change aux autres et à s'étourdir lui-même ; les gens si riants, si ouverts, si sereins dans un cercle, sont presque toujours tristes et grondeurs chez eux ; et leurs domestiques portent la peine de l'amusement qu'ils donnent à leurs sociétés.
J. J. ROUSSEAU.

La nation française fait les choses frivoles sérieusement et gaiement les choses sérieuses.
MONTESQUIEU.

Il y a quelque ombre de friandise et de delicatesse qui nous rit et qui nous flatte au giron mesme de la melancholie.
MONTAIGNE.

Tout ce qui occupe des autres égaye ; tout ce qui n'occupe que de soi attriste. De là cette mélancolie, sentiment de l'homme qui vit enfermé en lui-même.

JOUBERT.

Le commun des hommes va de la colère à l'injure ; quelques-uns en usent autrement, ils offensent et puis ils se fâchent ; la surprise où l'on est toujours de ce procédé ne laisse pas de place au ressentiment.

LA BRUYÈRE.

Rien ne fait échapper à la colère comme un profond sentiment de l'infirmité humaine.

Madame SWETCHINE.

Il n'est passion qui esbranle tant la sincerité des jugements que la cholere.

MONTAIGNE.

Il n'y a guère de gens plus aigres que ceux qui sont doux par intérêt.

VAUVENARGUES.

On n'est pas toujours si injuste envers ses ennemis qu'envers ses proches.

VAUVENARGUES.

## L'HUMEUR.

Quand on est bien intimement content de soi à l'égard des autres, il n'arrive guère qu'ils soient mécontents.

Duclos.

Si vous observez avec soin qui sont les gens qui blâment toujours, qui ne sont contents de personne, vous reconnaîtrez que ce sont ceux mêmes dont personne n'est content.

La Bruyère.

L'homme du meilleur esprit est inégal, il souffre des accroissements et des diminutions ; il entre en verve, mais il en sort : alors, s'il est sage, il parle peu, il n'écrit point, il ne cherche point à imaginer ni à plaire. Chante-t-on avec un rhume ? Ne faut-il pas attendre que la voix revienne ?

Le sot est automate, il est machine, il est ressort; le poids l'emporte, le fait mouvoir, le fait tourner, et toujours et dans le même sens, et avec la même égalité; il est uniforme et ne se dément point ; qui l'a vu une fois, l'a vu dans tous les instants et dans toutes les périodes de sa vie; c'est tout au plus le bœuf qui meugle ou le merle qui siffle; il est fixé et déterminé par sa nature, et j'ose dire par son espèce; ce qui paraît le moins en lui, c'est son âme; elle ne s'exerce point, elle se repose.

La Bruyère.

La distraction tient à une grande passion ou à une grande insensibilité.

Rivarol.

Il n'est rien qui imprime si vifvement quelque chose en nostre souvenance, que le desir de l'oublier.

Montaigne.

Il est inutile de se fâcher contre les choses, car cela ne leur fait rien du tout.

Madame de Stael.

Ce n'est pas au subject des substitutions seulement que nostre esprit montre sa beauté et sa force, et aux affaires des rois ; il la montre autant aux confabulations privees : je connois mes gents au silence mesme et au soubrire, et les descouvre mieulx, à l'adventure, à table qu'au conseil. Hippomachus disoit bien qu'il cognoissoit les bons luicteurs à les veoir simplement marcher par une rue.

Montaigne.

## LA VERTU

Par le mot conscience, j'entends ce sentiment intérieur d'un homme délicat, qui vous assure que vous n'avez rien à vous reprocher.

Madame DE LAMBERT.

La vertu d'un homme ne doit pas se mesurer par ses efforts, mais par ce qu'il fait d'ordinaire.

PASCAL.

L'un des avantages des bonnes actions est d'élever l'âme et de la disposer à en faire de meilleures.

J. J. ROUSSEAU.

Celui qui, logé chez soi, dans un palais avec deux appartements pour les deux saisons, vient coucher au Louvre dans un entre-sol, n'en use pas ainsi par modestie. Cet autre qui, pour conserver une taille fine, s'abstient de vin et ne fait qu'un seul repas, n'est ni sobre ni tempérant; et d'un troisième qui, importuné d'un ami pauvre, lui donne enfin quelque secours, l'on dit qu'il achète son repos, et nullement qu'il est libéral. Le motif seul fait le mérite des actions des hommes, et le désintéressement y met la perfection.

La Bruyère.

S'il est ordinaire d'être vivement touché des choses rares, pourquoi le sommes-nous si peu de la vertu?

La Bruyère.

Nous sommes susceptibles d'amitié, de justice, d'humanité, de compassion et de raison. O mes amis! qu'est-ce donc que la vertu?

Vauvenargues.

Les grands dédaignent les gens d'esprit qui n'ont que de l'esprit; les gens d'esprit méprisent les grands qui n'ont que de la grandeur; les gens de bien plaignent les uns et les autres, qui ont ou de la grandeur ou de l'esprit sans nulle vertu.

La Bruyère.

La manière dont on se récrie sur quelques-uns qui se distinguent par la bonne foi, le désintéressement et la probité, n'est pas tant leur éloge que le décréditement du genre humain.

La Bruyère.

# LA VERTU.

Il n'y a de parfaits que les gens que l'on ne connaît point.

Marquise de Boufflers.

La constance des sages n'est que l'art de renfermer leur agitation dans leur cœur.

La Rochefoucauld.

On n'apprend pas aux hommes à être honnêtes gens, et on leur apprend tout le reste; et cependant, ils ne se piquent de rien tant que de cela. Ainsi ils ne se piquent de savoir que la seule chose qu'ils n'apprennent point:

Pascal.

L'innocence ignore le mal, elle ne le voit pas. Pour voir tout le mal existant, il faut déjà presque l'avoir fait.

Sainte-Beuve.

La plupart des hommes se plaignent de manquer de force, quand il est déjà trop tard pour en user. La vertu ne nous coûte que par notre faute, et si nous voulions être toujours sages, rarement aurions-nous besoin d'être vertueux. Mais des penchants faciles à surmonter nous entraînent sans résistance : nous cédons à des tentations légères dont nous méprisons le danger.

Insensiblement nous tombons dans des situations périlleuses dont nous pouvions aisément nous garantir, mais dont nous ne pouvons plus nous tirer sans des efforts héroïques qui nous effrayent ; et nous tombons enfin dans l'abîme en disant à Dieu : Pourquoi m'as-tu fait si faible? Mais, malgré nous, il répond à nos consciences : Je t'ai fait trop faible pour sortir du gouffre, parce que je t'ai fait assez fort pour n'y pas tomber.

J. J. Rousseau.

Il y a des personnes si légères et si frivoles qu'elles sont aussi éloignées d'avoir de véritables défauts que des qualités solides.

La Rochefoucauld.

Quand une fois l'idée exacte du devoir est entrée dans une tête étroite, elle n'en peut plus sortir.

Joubert.

Que de belles et brillantes qualités perdues, égarées, tournées à mal, par un défaut, par un travers, par un ressort trop brusque et trop cassant, dont la détente part à l'improviste et ne se laisse pas diriger !

Sainte-Beuve.

Remarquez bien que la plupart des choses qui nous font plaisir sont déraisonnables.
MONTESQUIEU.

Rien n'est si contagieux que l'exemple, et nous ne faisons jamais de grands biens ni de grands maux qui n'en produisent de semblables. Nous imitons les bonnes actions par émulation, et les mauvaises par la malignité de notre nature, que la honte retenait prisonnière et que l'exemple met en liberté.
LA ROCHEFOUCAULD.

L'honneur acquis est caution de celui qu'on doit acquérir.
LA ROCHEFOUCAULD.

Il ne faut pas trop craindre d'être dupe.
VAUVENARGUES.

Je ne sais s'il est permis de juger des hommes par une faute qui est unique, et si un besoin extrême, ou une violente passion, ou un premier mouvement, tirent à conséquence.
LA BRUYÈRE.

Si nous n'avions point tant de défauts, nous ne prendrions pas tant de plaisir à en remarquer dans les autres.
LA ROCHEFOUCAULD.

Toutes nos qualités sont incertaines et douteuses, en bien comme en mal; et elles sont presque toutes à la merci des occasions.

La Rochefoucauld.

L'utilité de la vertu est si manifeste que les méchants la pratiquent par intérêt.

Vauvenargues.

L'hypocrisie est un hommage que le vice rend à la vertu.

La Rochefoucauld.

Le vice laisse comme une ulcere en la chair, une repentance en l'ame, qui tousjours s'esgratigne et s'ensanglante elle-mesme : car la raison efface les aultres tristesses et douleurs, mais elle engendre celle de la repentance, qui est plus griefve, d'autant qu'elle naist au dedans, comme le froid et le chauld des fiebvres est plus poignant que celui qui vient du dehors.

Montaigne.

Nous oublions aisément nos fautes, lorsqu'elles ne sont sues que de nous.

La Rochefoucauld.

Notre repentir n'est pas tant un regret du mal que nous avons fait, qu'une crainte de celui qui nous en peut arriver.

La Rochefoucauld.

Les défauts de l'âme sont comme les blessures du corps : quelque soin qu'on prenne de les guérir, la cicatrice paraît toujours, et elles sont à tout moment en danger de se rouvrir.

La Rochefoucauld.

On ne revient jamais aux mœurs, quand une fois on les a perdues.

Marquis de Mirabeau.

L'homme dur et rigide, l'homme tout d'une pièce, plein de maximes sévères, enivré de sa vertu, esclave des vieilles idées qu'il n'a point approfondies, ennemi de la liberté, je le fuis et je le déteste.

Vauvenargues.

Nous plaisons plus souvent dans le commerce de la vie par nos défauts que par nos bonnes qualités.

La Rochefoucauld.

Il y a des personnes à qui les défauts siéent bien, et

d'autres qui sont disgraciées par leurs bonnes qualités.

La Rochefoucauld.

Il y a de certains défauts qui bien mis en œuvre brillent plus que la vertu même.

La Rochefoucauld.

L'esprit de modération et une certaine sagesse dans la conduite laissent les hommes dans l'obscurité ; il leur faut de grandes vertus pour être connus et admirés ou peut-être de grands vices.

La Bruyère.

Ce ne sont pas toujours les fautes qui nous perdent, c'est la manière de se conduire après les avoir faites.

Madame de Lambert.

Les vices entrent dans la composition des vertus, comme les poisons entrent dans la composition des remèdes. La prudence les assemble et les tempère, et elle s'en sert utilement contre les maux de la vie.

La Rochefoucauld.

Il y a des vices legitimes : comme plusieurs actions, ou bonnes ou excusables, illegitimes.

Montaigne.

Quand on a un vice, il faut savoir le porter.

Fiévée.

Nous essayons de nous faire honneur des défauts que nous ne voulons pas corriger.

La Rochefoucauld.

Il n'y a point de vice qui ne soit nuisible, dénué d'esprit.

Vauvenargues.

Il semble que les hommes ne se trouvent pas assez de défauts : ils en augmentent encore le nombre par de certaines qualités singulières dont ils affectent de se parer, et ils les cultivent avec tant de soin, qu'elles deviennent des défauts naturels qu'il ne dépend plus d'eux de corriger.

La Rochefoucauld.

Il y a autant de vices qui viennent de ce que l'on ne s'estime pas assez que de ce qu'on s'estime trop.

Montesquieu.

C'est un orgueil misérable que de se croire sans vices, et c'est un défaut odieux que d'être vicieux et sévère en même temps.

Vauvenargues.

Il y a des vices que nous ne devons à personne, que nous apportons en naissant et que nous fortifions par l'habitude ; il y en a d'autres que l'on contracte et qui nous sont étrangers. L'on est né quelquefois avec des mœurs faciles, de la complaisance et tout le désir de plaire ; mais par les traitements que l'on reçoit de ceux avec qui l'on vit, ou de qui l'on dépend, l'on est bientôt jeté hors de ses mesures, et même de son naturel, l'on a des chagrins et une bile que l'on ne se connaissait point ; l'on se voit une autre complexion ; l'on est enfin étonné de se trouver dur et épineux.

La Bruyère.

Les vices partent d'une dépravation du cœur ; les défauts, d'un vice de tempérament ; le ridicule, d'un défaut d'esprit.

La Bruyère.

Il y a des apparences de vertus, qui ne sont que des vices émoussés, lassés ou avertis.

Sainte-Beuve.

Quand les vices nous quittent, nous nous flattons de la créance que c'est nous qui les quittons.

La Rochefoucauld.

Notre sagesse ou notre folie n'est en général que le résultat de notre âge ou de notre situation.

Sainte-Beuve.

Les vices en nous sont des hôtes qui deviennent les maîtres du logis avec les années, si on ne les réprime à temps, et si on ne les met vigoureusement à la raison.

Sainte-Beuve.

Les défauts de jeunesse, les étourderies de vingt ans, deviennent des vices lorsqu'on les répète à quarante.

Madame d'Épinay.

## LES ILLUSIONS

L'honnête homme, détrompé de toutes les illusions, est l'homme par excellence. Pour peu qu'il ait d'esprit, sa société est très-aimable. Il ne saurait être pédant, ne mettant d'importance à rien. Il est indulgent parce qu'il se souvient qu'il a eu des illusions, comme ceux qui en sont encore occupés. C'est un effet de son insouciance d'être sûr, dans le commerce, de ne se permettre ni redites ni tracasseries. Si on se les permet à son égard, il les oublie ou les dédaigne. Il doit être plus gai qu'un autre, parce qu'il est constamment en état d'épigramme contre son prochain. Il est dans le vrai, et rit des faux pas de ceux qui marchent à tâtons dans le faux. C'est un homme qui, d'un endroit éclairé, voit dans une chambre obscure les gestes ridicules de ceux qui s'y promènent au hasard. Il brise en riant les faux poids et les fausses mesures qu'on applique aux hommes et aux choses.

Chamfort.

A l'égard des préjugés qui tendent au bien de la société, et qui sont des germes de vertus, on peut être sûr que ce sont des vérités qu'il faut respecter et suivre. Il est inutile de s'attacher à démontrer des vérités admises, il suffit d'en recommander la pratique. En voulant trop éclairer certains hommes, on ne leur inspire quelquefois qu'une présomption dangereuse. Eh! pourquoi entreprendre de leur faire pratiquer par raisonnement ce qu'ils suivaient par sentiment, par un préjugé honnête? Ces guides sont bien aussi sûrs que le raisonnement.

Duclos.

Il ne faut pas décrier les beaux dehors, car ils offrent les apparences naturelles des belles réalités; on ne doit censurer que ce qui les dément.

Joubert.

Il y a des hommes à qui les illusions sur les choses qui les intéressent sont aussi nécessaires que la vie. Quelquefois cependant ils ont des aperçus qui feraient croire qu'ils sont près de la vérité ; mais ils s'en éloignent bien vite et ressemblent aux enfants qui courent après un masque et qui s'enfuient si le masque vient à se retourner.

Chamfort.

Chacun est don Quichotte à son jour et chacun Pança. Il se retrouve en effet plus ou moins en chacun de cette alliance boiteuse de l'idéal exalté et du bon sens positif et terre à terre. Ce n'est même chez beaucoup qu'une question d'âge : on s'endort don Quichotte et l'on se réveille Pança.

Sainte-Beuve.

Je me fais l'effet d'être dans la vie comme dans un appartement entre cave et grenier. En pareil cas, on a un plancher qui recouvre la poutre, et de plus, si l'on a moyen, on met un tapis sous ses pieds. On tâche aussi d'orner son plafond pour cacher les lattes. Si l'on pouvait avoir sur le plafond une belle fresque, un ciel peint à la Raphaël, ce serait tant mieux. Ainsi des illusions de la vie et des perspectives où elle se joue : il faut les respecter et par moments s'y complaire, même quand on sait trop bien ce qu'il y a au delà.

Sainte-Beuve.

## LA VANITÉ

Tous les ridicules des hommes ne caractérisent peut-être qu'un seul vice, qui est la vanité.

Vauvenargues.

Notre monde n'est formé qu'à l'ostentation : les hommes ne s'enflent que de vent, et se manient à bonds, comme les ballons.

Montaigne.

La vanité est ce qu'il y a de plus naturel dans les hommes, et ce qui les fait sortir le plus souvent de la nature.

Vauvenargues.

Si la vanité ne renverse pas entièrement les vertus, du moins elle les ébranle toutes.

La Rochefoucauld.

Les passions les plus violentes nous laissent quelquefois du relâche ; mais la vanité nous agite toujours.

La Rochefoucauld.

La vanité nous fait faire plus de choses contre notre goût que la raison.

La Rochefoucauld.

Nous faisons par vanité ou par bienséance les mêmes choses et avec les mêmes dehors que nous les ferions par inclination ou par devoir.

La Bruyère.

La vertu n'irait pas si loin si la vanité ne lui tenait compagnie.

La Rochefoucauld.

Ce qui nous rend la vanité des autres insupportable, c'est qu'elle blesse la nôtre.

La Rochefoucauld.

Les hommes sont très-vains, et ils ne haïssent rien tant que de passer pour tels.

La Bruyère.

Le monde est plein de gens qui, faisant extérieurement et par habitude la comparaison d'eux-mêmes avec les autres, décident en faveur de leur mérite, et agissent conséquemment.

La Bruyère.

Nous sommes si présomptueux, que nous voudrions être connus de toute la terre, et même des gens qui viendront quand nous n'y serons plus; et nous sommes si vains, que l'estime de cinq ou six personnes qui nous environnent nous amuse et nous contente.

Pascal.

Il y a des hommes qui ont le besoin de primer, de s'élever au-dessus des autres, à quelque prix que ce puisse être. Tout leur est égal, pourvu qu'ils soient en évidence sur des tréteaux de charlatan; sur un théâtre, un trône, un échafaud, ils seront toujours bien, s'ils attirent les yeux.

Chamfort.

La vanité a bien des ressources.

Fontenelle.

La vanité est si ancrée dans le cœur de l'homme, qu'un goujat, un marmiton, un crocheteur, se vante et veut avoir ses admirateurs, et les philosophes mêmes en veulent. Ceux qui écrivent contre la gloire veulent avoir la gloire d'avoir bien écrit, et ceux qui le lisent veulent avoir la gloire de l'avoir lu; et moi qui écris ceci, j'ai peut-être cette envie, et peut-être que ceux qui le liront l'auront aussi.

PASCAL.

D'où vient qu'Alcippe me salue aujourd'hui, me sourit, et se jette hors d'une portière de peur de me manquer? Je ne suis pas riche et je suis à pied; il doit, dans les règles, ne me pas voir : n'est-ce point pour être vu lui-même dans un même fond avec un grand?

LA BRUYÈRE.

Ce qu'on nomme libéralité n'est le plus souvent que la vanité de donner, que nous aimons mieux que ce que nous donnons.

LA ROCHEFOUCAULD.

La grande vanité de ceux qui n'imaginent pas est de se croire seuls judicieux.

VAUVENARGUES.

Les gens vains ne peuvent être habiles, car ils n'ont pas la force de se taire.

VAUVENARGUES.

La modération est une crainte de tomber dans l'envie et dans le mépris que méritent ceux qui s'enivrent de leur bonheur ; c'est une vaine ostentation de la force de notre esprit ; enfin la modération des hommes dans leur plus haute élévation est un désir de paraître plus grands que leur fortune.

La Rochefoucauld.

La fausse modestie est le dernier raffinement de la vanité ; elle fait que l'homme vain ne paraît point tel, et se fait valoir au contraire par la vertu opposée au vice qui fait son caractère : c'est un mensonge.

La Bruyère.

L'humilité n'est souvent qu'une feinte soumission dont on se sert pour soumettre les autres ; c'est un artifice de l'orgueil qui s'abaisse pour s'élever ; et, bien qu'il se transforme en mille manières, il n'est jamais mieux déguisé et plus capable de tromper que lorsqu'il se cache sous la figure de l'humilité.

La Rochefoucauld.

La vanité n'entend raison que lorsqu'elle est contente.

Joubert.

# LA VANITÉ.

Un homme vain trouve son compte à dire du bien ou du mal de soi : un homme modeste ne parle point de soi.

La Bruyère.

Il n'y a pas de folie dont on ne puisse guérir un homme qui n'est pas fou, hors la vanité.

J. J. Rousseau.

# LA FEMME

Le symbole des femmes en général est celui de l'Apocalypse, sur le front de laquelle il est écrit : Mystère.

Diderot.

La nature, ayant à créer un être qui convînt à l'homme par ses proportions physiques, et à l'enfant par son moral, résolut le problème en faisant de la femme un grand enfant.

Rivarol.

Quels que soient les désordres des femmes, elles sont toujours plus près de la nature que nous, parce que leur passion dominante (l'amour) les en rapproche sans cesse, et que la nôtre (l'ambition), au contraire, nous en écarte.

Bernardin de Saint-Pierre.

J'ai vu souhaiter d'être fille, et une belle fille, depuis treize ans jusqu'à vingt-deux, et après cet âge de devenir un homme.

La Bruyère.

Il y a des femmes qui traversent la vie, comme ces souffles du printemps qui vivifient tout sur leur passage.

Madame de Krudner.

Il ne sert de rien d'être jeune sans être belle, ni d'être belle sans être jeune.

La Rochefoucauld.

Lorsque la beauté règne sur les yeux, il est probable qu'elle règne encore ailleurs.

Vauvenargues.

L'on peut être touché de certaines beautés si parfaites et d'un mérite si éclatant que l'on se borne à les voir et à leur parler.

La Bruyère.

Quelques jeunes personnes ne connaissent point assez les avantages d'une heureuse nature et combien il leur serait utile de s'y abandonner. Elles affaiblissent ces dons du ciel si rares et si fragiles par des manières affectées et par une mauvaise imitation. Leur son de voix et leur démarche sont empruntés, elles se composent, elles se recherchent, regardent dans un miroir si elles s'éloignent assez de leur naturel. Ce n'est pas sans peine qu'elles plaisent moins.

La Bruyère.

Qu'est-ce qu'une maîtresse? Une femme près de laquelle on ne se souvient plus de ce qu'on sait par cœur, c'est-à-dire, de tous les défauts de son sexe.

Chamfort.

Il y a telle fille qui trouve à se vendre et ne trouverait pas à se donner.

Chamfort.

De toutes les passions violentes, celle qui sied le moins mal aux femmes, c'est l'amour.

La Rochefoucauld.

Celui qui devine les femmes est leur implacable ennemi.

Diderot.

Les hommes sont cause que les femmes ne s'aiment point.

La Bruyère.

# LA FEMME.

Pour qu'une liaison d'homme à femme soit vraiment intéressante, il faut qu'il y ait entre eux jouissance, mémoire ou désir.

CHAMFORT.

Le premier mérite auprès des dames, c'est d'aimer ; le second est d'entrer dans la confidence de leurs inclinations ; le troisième, de faire valoir ingénieusement tout ce qu'elles ont d'aimable.

SAINT-ÉVREMOND.

A un homme vain, indiscret, qui est grand parleur et mauvais plaisant ; qui parle de soi avec confiance, et des autres avec mépris; impétueux, altier, entreprenant ; sans mœurs ni probité ; de nul jugement et d'une imagination très-libre, il ne lui manque plus, pour être adoré de bien des femmes, que de beaux traits et la taille belle.

LA BRUYÈRE.

Quels que soient ordinairement les avantages de la jeunesse, un jeune homme n'est pas bien venu auprès des femmes jusqu'à ce qu'elles en aient fait un fat.

VAUVENARGUES.

La première qualité de l'homme à bonnes fortunes est d'être souverainement impertinent.

J. J. ROUSSEAU.

Aussi comme le grand fléau de tous ces gens si dissipés est l'ennui, les femmes se soucient-elles moins d'être aimées qu'amusées : la galanterie et les soins valent mieux que l'amour auprès d'elles ; et pourvu qu'on soit assidu, peu leur importe qu'on soit passionné.

J. J. Rousseau.

Prenez la femme la plus sensée, la plus philosophe, la moins attachée à ses sens, le crime le plus irrémissible que l'homme, dont au reste elle se soucie le moins, puisse commettre envers elle, est d'en pouvoir jouir et de n'en rien faire.

J. J. Rousseau.

Une duchesse n'a jamais que trente ans pour un bourgeois.

Duchesse de Chaulnes.

Quand il s'agit d'une femme, même d'un modèle de sainteté, il se présente deux ou trois questions inévitables : Est-elle jolie ? A-t-elle aimé ? Quel a été le motif déterminant de sa conversion ?

Sainte-Beuve.

## SON CŒUR

Une femme insensible est celle qui n'a pas encore vu celui qu'elle doit aimer.
La Bruyère.

Ce qui fait que la plupart des femmes sont peu touchées de l'amitié, c'est qu'elle est fade quand on a senti l'amour.
La Rochefoucauld.

Quand elles n'ont point usé leur cœur par les passions, leur amitié est tendre et touchante ; car il faut convenir, à la gloire ou à la honte des femmes, qu'il n'y a qu'elles qui savent tirer d'un sentiment tout ce qu'elles en tirent.
Madame de Lambert.

Les femmes vont plus loin en amour que la plupart des hommes ; mais les hommes l'emportent sur elles en amitié.
La Bruyère.

Les jeunes femmes ont un malheur qui leur est commun avec les rois, celui de n'avoir point d'amis ;

mais, heureusement, elles ne sentent pas ce malheur plus que les rois eux-mêmes : la grandeur des uns et la vanité des autres leur en dérobent le sentiment.

Chamfort.

Une femme qui n'a jamais les yeux que sur une même personne, ou qui les en détourne toujours, fait penser d'elle la même chose.

La Bruyère.

Le plus grand miracle de l'amour, c'est de guérir de la coquetterie.

La Rochefoucauld.

Les femmes se préparent pour leurs amants si elles les attendent; mais si elles en sont surprises, elles oublient à leur arrivée l'état où elles se trouvent : elles ne se voient plus. Elles ont plus de loisir avec les indifférents ; elles sentent le désordre où elles sont et s'ajustent en leur présence ou disparaissent un moment et reviennent parées.

La Bruyère.

Les femmes croient souvent aimer, encore qu'elles n'aiment pas; l'occupation d'une intrigue, l'émotion d'esprit que donne la galanterie, la pente naturelle au plaisir d'être aimées, et la peine de refuser, leur persuadent qu'elles ont de la passion lorsqu'elles n'ont que de la coquetterie.

La Rochefoucauld.

Les distractions d'une vie occupée et contentieuse rompent nos passions. La femme couve les siennes : c'est un point fixe sur lequel son oisiveté ou la frivolité de ses occupations tient son regard sans cesse attaché.

Diderot.

Un homme peut tromper une femme par un feint attachement, pourvu qu'il n'en ait pas ailleurs un véritable.

La Bruyère.

Il est fort sûr qu'une femme qui écrit avec emportement est emportée ; il est moins clair qu'elle soit touchée. Il semble qu'une passion vive et tendre est morne et silencieuse, et que le plus pressant intérêt d'une femme qui n'est plus libre, et celui qui l'agite davantage, est moins de persuader qu'elle aime que de s'assurer si elle est aimée.

La Bruyère.

Les femmes qui aiment pardonnent plus aisément

les grandes indiscrétions que les petites infidélités.

La Rochefoucauld.

Un homme éclate contre une femme qui ne l'aime plus, et se console; une femme fait moins de bruit quand elle est quittée, et demeure longtemps inconsolable.

La Bruyère.

La femme pressent de loin l'inconstance de l'homme et s'en inquiète ; c'est ce qui la rend aussi plus jalouse. Quand il commence à s'attiédir, forcée à lui rendre pour le garder tous les soins qu'il prit autrefois pour lui plaire, elle prie, elle s'humilie à son tour, et rarement avec le même succès. L'attachement et les soins gagnent les cœurs, mais ils ne les recouvrent guère.

J. J. Rousseau.

Il échappe à une jeune personne de petites choses qui persuadent beaucoup et qui flattent sensiblement celui pour qui elles sont faites ; il n'échappe presque rien aux hommes : leurs caresses sont volontaires; ils parlent, ils agissent, ils sont empressés, ils persuadent moins.

La Bruyère.

La plupart des femmes ne pleurent pas tant la mort de leurs amants pour les avoir aimés, que pour paraître plus dignes d'être aimées.
La Rochefoucauld.

Il est étonnant de voir dans le cœur de certaines femmes quelque chose de plus vif et de plus fort que l'amour pour les hommes, je veux dire l'ambition et le jeu. De telles femmes rendent les hommes chastes, elles n'ont de leur sexe que les habits.
La Bruyère.

Les paroles les plus obscures d'un homme qui plaît donnent plus d'agitation que les déclarations d'un homme qui ne plaît pas.
Madame de La Fayette.

## SON ESPRIT

Il y a dans la femme une gaieté légère qui dissipe la tristesse de l'homme.
Bernardin de Saint-Pierre.

Un homme est plus fidèle au secret d'autrui qu'au

sien propre; une femme, au contraire, garde mieux son secret que celui d'autrui.

La Bruyère.

Les hommes et les femmes conviennent rarement sur le mérite d'une femme; leurs intérêts sont trop différents. Les femmes ne se plaisent pas les unes aux autres par les mêmes agréments qu'elles plaisent aux hommes; mille manières qui allument dans ceux-ci les grandes passions, forment entre elles l'aversion et l'antipathie.

La Bruyère.

Les comparaisons sont presque toute la raison des femmes et des poëtes.

Diderot.

Les femmes sont semblables à la vigne; elles ne sauraient se tenir debout et subsister par elles-mêmes : elles ont besoin d'un appui encore plus pour leur esprit que pour leur corps; mais elles entraînent souvent cet appui, et le font tomber.

Nicole.

Il est remarquable que les femmes, si habiles et si maîtresses qu'elles soient, trouvent rarement leur

forme en elles-mêmes ; elles en usent bien, mais elles l'ont empruntée à un autre.
Sainte-Beuve.

L'irréligion sied mal aux femmes ; il y a trop d'orgueil pour leur faiblesse.
De Bonald.

Ce qui rend le commerce des femmes si piquant, c'est qu'il y a toujours une foule de sous-entendus, et que les sous-entendus qui, entre hommes, sont gênants, ou du moins insipides, sont agréables d'un homme à une femme.
Chamfort.

Une belle femme qui a les qualités d'un honnête homme est ce qu'il y a au monde d'un commerce plus délicieux ; l'on trouve en elle tout le mérite des deux sexes.
La Bruyère.

L'esprit de la plupart des femmes sert plus à fortifier leur folie que leur raison.
La Rochefoucauld.

Il y a peu de femmes dont le mérite dure plus que la beauté.
La Rochefoucauld.

Il faut attendre qu'une femme ait cessé d'être jolie pour juger de son mérite.

Madame Geoffrin.

Que fault-il aux femmes, que vivre aimees et honorees ? elles n'ont et ne sçavent que trop pour cela : il ne fault qu'esveiller un peu et reschauffer les facultés qui sont en elles.

Montaigne.

Si on laissait faire la nature sans la contrarier sans cesse, les femmes vaudraient autant que nous, à la différence qu'elles seraient plus délicates et plus gentilles.

L'abbé Galiani.

Nous les dressons, dez l'enfance, aux entremises de l'amour ; leur grace, leur attifeure, leur science, leur parole, toute leur institution ne regarde, qu'à ce but : leurs gouvernantes ne leur imprime aultre chose que le visage de l'amour, ne feust qu'en le leur representant continuellement pour les en desgouster.

Montaigne.

Pourquoi s'en prendre aux hommes de ce que les femmes ne sont pas savantes? par quelles lois, par quels édits, par quels rescrits leur a-t-on défendu d'ouvrir les yeux et de lire, de retenir ce qu'elles ont lu, et d'en rendre compte ou dans leur conversation ou par leurs ouvrages? Ne se sont-elles pas, au contraire, établies elles-mêmes dans cet usage de ne rien savoir, ou par la faiblesse de leur complexion, ou par la paresse de leur esprit, ou par le soin de leur beauté, ou par une certaine légèreté qui les empêche de suivre une longue étude, ou par le talent et le génie qu'elles ont seulement pour les ouvrages de la main, ou par les distractions que donnent les détails d'un domestique, ou par un éloignement naturel des choses pénibles et sérieuses, ou par une curiosité toute différente de celle qui ontente l'esprit, ou par tout autre goût que celui d'exercer leur mémoire? Mais à quelque cause que les hommes puissent devoir cette ignorance des femmes, ils sont heureux que les femmes, qui les dominent d'ailleurs par tant d'endroits, aient sur eux cet avantage de moins.

La Bruyère.

Ce sexe va plus loin que le nôtre dans ce genre d'écrire, elles trouvent sous leur plume des tours et des expressions qui souvent en nous ne sont l'effet que d'un long travail et d'une pénible recherche : elles sont heureuses dans le choix des termes qu'elles placent si justes que, tout connus qu'ils sont, ils ont le charme de la nouveauté et semblent être faits seulement pour l'usage où elles les mettent. Il n'appartient qu'à elles de faire lire dans un seul mot tout un sentiment, et de rendre délicatement une pensée qui est délicate. Elles ont un enchaînement de discours inimitable, qui se suit naturellement, et qui n'est lié que par le sens. Si les femmes étaient toujours correctes, j'oserais dire que les lettres de quelques-unes d'entre elles seraient peut-être ce que nous avons dans notre langage de mieux écrit.

La Bruyère.

Le bon style est dans le cœur; voilà pourquoi tant de femmes disent et écrivent comme des anges, sans avoir appris ni à dire ni à écrire, et pourquoi tant de pédants diront et écriront mal toute leur vie, quoiqu'ils n'aient cessé d'étudier sans apprendre.

Diderot.

La femme qui se fait auteur, si distinguée qu'elle soit, et même plus elle l'est, perd son principal charme qui est d'être à un et non à tous.

Sainte-Beuve.

Il n'est aucun de nous qui ne préférât, pour passer sa vie avec elle, une servante à une femme savante.

Stendhal.

## SON ESPRIT.

Les gens qui ont peu d'affaires sont de très-grands parleurs. Moins on pense, plus on parle : ainsi les femmes parlent plus que les hommes ; à force d'oisiveté elles n'ont point à penser. Une nation où les femmes donnent le ton est une nation parleuse.

MONTESQUIEU.

Dans les classes sans éducation, les femmes valent mieux que les hommes ; dans les classes distinguées, au contraire, on trouve les hommes supérieurs aux femmes. C'est que les hommes sont plus susceptibles d'être riches en vertus acquises, et les femmes en vertus natives.

JOUBERT.

Je dis que les masles et femelles sont jectez en mesme moule : sauf l'institution et l'usage, la différence n'y est pas grande.

MONTAIGNE.

## SA MORALE

Les femmes sont extrêmes : elles sont meilleures ou pires que les hommes.
La Bruyère.

Les femmes préfèrent les émotions à la raison.
Stendhal.

La plupart des femmes n'ont guère de principes : elles se conduisent par le cœur, et dépendent pour leurs mœurs de ceux qu'elles aiment.
La Bruyère.

Les femmes et les jeunes gens ne séparent point leur estime de leurs goûts.
Vauvenargues.

L'honnêteté des femmes est souvent l'amour de leur réputation et de leur repos.
La Rochefoucauld.

La vanité, la honte et surtout le tempérament font souvent la valeur des hommes et la vertu des femmes.
La Rochefoucauld.

Il ne peut y avoir de règle dans l'esprit ni dans le cœur des femmes, si le tempérament n'en est d'accord.

La Rochefoucauld.

La plupart des honnêtes femmes sont des trésors cachés, qui ne sont en sûreté que parce qu'on ne les cherche pas.

La Rochefoucauld.

Il y a peu d'honnêtes femmes qui ne soient lasses de leur métier.

La Rochefoucauld.

La sévérité des femmes est un ajustement et un fard qu'elles ajoutent à leur beauté.

La Rochefoucauld.

Les femmes n'ont point de sévérité complète sans aversion.

La Rochefoucauld.

Les femmes ne connaissent pas toute leur coquetterie.

La Rochefoucauld.

Les femmes peuvent moins surmonter leur coquetterie que leurs passions.

La Rochefoucauld.

Les coquettes se font honneur d'être jalouses de leurs amants, pour cacher qu'elles sont envieuses des autres femmes.

La Rochefoucauld.

Une femme galante veut qu'on l'aime : il suffit à une coquette d'être trouvée aimable et de passer pour belle. Celle-là cherche à engager ; celle-ci se contente de plaire. La première passe successivement d'un engagement à un autre ; la seconde a plusieurs amusements tout à la fois. Ce qui domine dans l'une, c'est la passion et le plaisir ; et dans l'autre, c'est la vanité et la légèreté. La galanterie est un faible du cœur ou peut-être un vice de la complexion : la coquetterie est un déréglement de l'esprit. La femme galante se fait craindre, et la coquette se fait haïr. L'on peut tirer de ces deux caractères de quoi en faire un troisième, le pire de tous.

La Bruyère.

La coquetterie est le fond de l'humeur des femmes ; mais toutes ne la mettent pas en pratique, parce que la

coquetterie de quelques-unes est retenue par la crainte ou par la raison.
La Rochefoucauld.

Une femme qui n'a qu'un galant croit n'être point coquette ; celle qui a plusieurs galants croit n'être que coquette.
La Bruyère.

C'est un mauvais parti pour une femme que d'être coquette. Il est rare que celles de ce caractère allument de grandes passions, et ce n'est pas à cause qu'elles sont légères, comme on croit communément, mais parce que personne ne veut être dupe. La vertu nous fait mépriser la fausseté, et l'amour-propre nous la fait haïr.
Vauvenargues.

Une femme est plus ou moins friponne dans le cœur, et la plus pure a un faible pour les mauvais sujets.
Sainte-Beuve.

Pour les femmes du monde, un jardinier est un jardinier, et un maçon est un maçon ; pour quelques autres plus retirées, un maçon est un homme, un jardinier est un homme. Tout est tentation à qui la craint.
La Bruyère.

Une femme d'esprit m'a dit un jour un mot qui pourrait bien être le secret de son sexe : c'est que toute femme, en prenant un amant, tient plus compte de la manière dont les autres femmes voient cet homme, que de la manière dont elle le voit elle-même.

Chamfort.

La pudeur est aux femmes ce que le point d'honneur est aux hommes.

Madame de Puisieux.

Il est plaisant qu'on ait fait une loi de la pudeur aux femmes, qui n'estiment dans les hommes que l'effronterie.

Vauvenargues.

Les femmes croient innocent tout ce qu'elles osent.

La Bruyère.

C'est à trente ans que les plus sages des femmes commencent à oser.

Sainte-Beuve.

On finit toujours, à la fin de sa visite, par traiter un amant mieux qu'on ne voudrait.

Stendhal.

Suffit qu'elles disent « nenny » en le faisant, suivant la regle du bon Marot.
Montaigne.

Les femmes sont comme les princes : souvent elles cèdent à l'importunité ce que la faveur n'aurait point obtenu.
Duc de Lévis.

Comme dict le conte : « Tout beau et honneste que vous estes, quand vous aurez failli votre poincte, n'en concluez pas incontinent une chasteté inviolable en votre maitresse ; ce n'est pas à dire que le muletier n'y treuve son heure ».
Montaigne.

La plupart des femmes se rendent plutôt par faiblesse que par passion. De là vient que, pour l'ordinaire, les hommes entreprenants réussissent mieux que les autres, quoiqu'ils ne soient pas plus aimables.
La Rochefoucauld.

Si les faiblesses de l'amour sont pardonnables, c'est principalement aux femmes qui règnent par lui.
Vauvenargues.

Une femme faible est celle à qui on reproche une faute, qui se la reproche à elle-même, dont le cœur combat la raison, qui veut guérir, qui ne guérira point, ou bien tard.

La Bruyère.

Les hommes se contentent ordinairement de l'estime et du respect. Les femmes veulent de l'amour.

Nicole.

Les femmes ne voient que les avantages naturels, et les hommes que ceux de la fortune.

Bernardin de Saint-Pierre.

Une femme est déshonorée, parce qu'elle a constaté sa faute par l'éclat de sa douleur et de sa honte; tandis qu'une autre se met à couvert de tout reproche par l'excès de son impudence; celle-ci n'est pas même l'objet d'un mépris secret.

Duclos.

Il y a telle femme qui s'est rendue malheureuse pour la vie, qui s'est perdue et déshonorée pour un amant qu'elle a cessé d'aimer parce qu'il a mal ôté sa poudre, ou mal coupé un de ses ongles, ou mis son bas à l'envers.

Chamfort.

Les femmes s'attachent aux hommes par les faveurs qu'elles leur accordent : les hommes guérissent par ces mêmes faveurs.

La Bruyère.

Une femme oublie d'un homme qu'elle n'aime plus jusques aux faveurs qu'il a reçues d'elle.

La Bruyère.

On garde longtemps son premier amant quand on n'en prend pas un second.

La Rochefoucauld.

Dans les premières passions, les femmes aiment l'amant ; dans les autres, elles aiment l'amour.

La Rochefoucauld.

Les femmes ne peuvent comprendre qu'il y ait des hommes désintéressés à leur égard.

Vauvenargues.

La force du caractère est un des charmes qui séduisent le plus les cœurs vraiment féminins.

Stendhal.

Avez-vous jamais connu une femme qui, voyant un de ses amis assidu auprès d'une autre femme, ait supposé que cette autre femme lui fût cruelle ? On voit par là l'opinion qu'elles ont les unes des autres. Tirez vos conclusions.

Chamfort.

Quelque mal qu'un homme puisse penser des femmes, il n'y a pas de femme qui n'en pense encore plus mal que lui.

Chamfort.

N'oubliez pas que, faute de réflexion et de principes, rien ne pénètre jusqu'à une certaine profondeur de conviction dans l'entendement des femmes ; que les idées de vertu, de vice, de bonté, de méchanceté, nagent à la superficie de leur âme ; qu'elles ont conservé l'amour-propre et l'intérêt personnel avec toute l'énergie de nature, et que, plus civilisées que nous en dehors, elles sont restées de vraies sauvages en dedans, toutes machiavélistes, du plus au moins.

Diderot.

# L'ENFANT

Dans l'enfance de tous les peuples, comme dans celle des particuliers, le sentiment a toujours précédé la réflexion, et en a été le premier maître.

Vauvenargues.

La nature veut que les enfants soient enfants avant que d'être hommes.

J. J. Rousseau.

Les enfants n'ont ni passé ni avenir; et ce qui ne nous arrive guère, ils jouissent du présent.

La Bruyère.

Rien n'étonne quand tout étonne : c'est l'état des enfants.

Rivarol.

Le premier sentiment d'un enfant est de s'aimer lui-même ; et le second, qui dérive du premier, est d'aimer ceux qui l'approchent; car dans l'état de faiblesse où il est, il ne connaît personne que par l'assistance et les soins qu'il reçoit.

J. J. ROUSSEAU.

La nature a fait les enfants pour être aimés et secourus, mais les a-t-elle faits pour être obéis et craints?

J. J. ROUSSEAU.

C'est perdre toute confiance dans l'esprit des enfants et leur devenir inutile, que de les punir des fautes qu'ils n'ont point faites ou même sévèrement de celles qui sont légères. Ils savent précisément et mieux que personne ce qu'ils méritent, et ils ne méritent guère que ce qu'ils craignent ; ils connaissent si c'est à tort ou avec raison qu'on les châtie, et ne se gâtent pas moins par des peines mal ordonnées que par l'impunité.

LA BRUYÈRE.

Les enfants savent bien qu'on ne veut pas les tourmenter quand ils sont sûrs qu'on les aime, et les enfants se trompent rarement là-dessus.

J. J. ROUSSEAU.

## L'ENFANT.

L'unique soin des enfants est de trouver l'endroit faible de leurs maîtres, comme de tous ceux à qui ils sont soumis. Dès qu'ils ont pu les entamer, ils gagnent le dessus et prennent sur eux un ascendant qu'ils ne perdent plus. Ce qui nous fait déchoir une première fois de cette supériorité à leur égard est toujours ce qui nous empêche de la recouvrer.

La Bruyère.

Il n'y a nuls vices extérieurs et nuls défauts du corps qui ne soient aperçus par les enfants. Ils les saisissent d'une première vue, et ils savent les exprimer par des mots convenables : on ne nomme point plus heureusement. Devenus hommes, ils sont chargés à leur tour de toutes les imperfections dont ils se sont moqués.

La Bruyère.

Ce qui fait que la plupart des petits enfants plaisent, c'est qu'ils sont encore renfermés dans cet air et dans ces manières que la nature leur a donnés, et qu'ils n'en connaissent point d'autres. Ils les changent et les corrompent quand ils sortent de l'enfance; ils croient qu'il faut imiter ce qu'ils voient, et ils ne le peuvent parfaitement imiter, il y a toujours quelque chose de faux et d'incertain dans cette imitation. Ils n'ont rien de fixe dans leurs manières, ni dans leurs sentiments; au lieu d'être en effet ce qu'ils veulent paraître, ils cherchent à paraître ce qu'ils ne sont pas.

La Rochefoucauld.

Dans les naïvetés d'un enfant bien né, il y a quelquefois une philosophie bien aimable.

Chamfort.

Le premier soupir de l'enfance est pour la liberté.

Vauvenargues.

Les enfants tourmentent et persécutent tout ce qu'ils aiment.

Joubert.

Les enfants crient ou chantent tout ce qu'ils demandent, caressent ou brisent tout ce qu'ils touchent, et pleurent tout ce qu'ils perdent.

Rivarol.

Les enfants nous savent ordinairement peu de gré de nos sollicitudes ; ce sont de jeunes branches qui s'impatientent contre la tige qui les enchaîne, sans penser qu'elles se flétriraient si elles en étaient détachées.

Madame Necker.

Les enfants sont hautains, dédaigneux, colères, envieux, curieux, intéressés, paresseux, volages, timides, intempérants, menteurs, dissimulés ; ils rient et pleurent facilement ; ils ont des joies immodérées et des afflictions amères sur de très-petits sujets ; ils ne veulent point souffrir de mal, et aiment à en faire ; ils sont déjà des hommes.

La Bruyère.

Les enfants commandent par les larmes, et quand on ne les écoute pas, ils se font mal exprès.

Stendhal.

Les enfants, dont il est si difficile de fixer l'attention, poussent des cris, aiment le bruit, cherchent la foule ; ils font tout ce qu'ils peuvent pour s'avertir de leur existence et rassembler des sensations : le dedans est encore vide. On peut en dire autant du peuple en général. Il n'y a que les hommes habitués à penser qui aiment le silence et le calme ; leur existence est une suite d'idées : le mouvement est intérieur.

De là vient que les anecdotes sont l'esprit des vieillards, le charme des enfants et des femmes : il n'y a que le fil des événements qui fixe leur sentiment et tienne leur attention en haleine. Une suite de raisonnements et d'idées demande toute la tête et la verve d'un homme.

Rivarol.

La paresse, l'indolence et l'oisiveté, vices si naturels aux enfants, disparaissent dans leurs jeux, où ils sont vifs, appliqués, exacts, amoureux des règles et de la symétrie, où ils ne se pardonnent nulle faute les uns aux autres, et recommencent eux-mêmes plusieurs fois une seule chose qu'ils ont manquée : présages certains qu'ils pourront un jour négliger leurs devoirs, mais qu'ils n'oublieront rien pour leurs plaisirs.

La Bruyère.

Les enfants ont déjà de leur âme l'imagination et la mémoire, c'est-à-dire ce que les vieillards n'ont plus ; et ils en tirent un merveilleux usage pour leurs petits jeux et pour leurs amusements ; c'est par elles qu'ils répètent ce qu'ils ont entendu dire, qu'ils contrefont ce qu'ils ont vu faire; qu'ils sont de tous métiers, soit qu'ils s'occupent en effet à mille petits ouvrages, soit qu'ils imitent les divers artisans par le mouvement et par le geste ; qu'ils se trouvent à un grand festin et y font bonne chère; qu'ils se transportent dans des palais et dans des lieux enchantés; que, bien que seuls, ils se voient un riche équipage et un grand cortége ; qu'ils conduisent des armées, livrent bataille et jouissent du plaisir de la victoire ; qu'ils parlent aux rois et aux plus grands princes; qu'ils sont rois eux-mêmes, ont des sujets, possèdent des trésors qu'ils peuvent faire de feuilles d'arbres ou de grains de sable; et, ce qu'ils ignorent dans la suite de leur vie, savent, à cet âge, être les arbitres de leur fortune et les maîtres de leur propre félicité.

La Bruyère.

Aux enfants tout paraît grand, les cours, les jardins, les édifices, les meubles, les hommes, les animaux; aux hommes les choses du monde paraissent ainsi, et j'ose dire, par la même raison, parce qu'ils sont petits.

La Bruyère.

Quoique la pudeur soit naturelle à l'espèce humaine, naturellement les enfants n'en ont pas. La pudeur ne naît qu'avec la connaissance du mal : et comment les enfants, qui n'ont ni ne doivent avoir cette connaissance, auraient-ils le sentiment qui en est l'effet ?

J. J. Rousseau.

Le mot *sage* dit à un enfant est un mot qu'il comprend toujours et qu'on ne lui explique jamais.

Joubert.

Le caractère de l'enfant paraît unique; les mœurs dans cet âge sont assez les mêmes; et ce n'est qu'avec une curieuse attention qu'on en pénètre la différence;

elle augmente avec la raison, parce qu'avec celle-ci croissent les passions et les vices, qui seuls rendent les hommes si dissemblables entre eux et si contraires à eux-mêmes.
La Bruyère.

Les enfants commencent entre eux par l'état populaire, chacun y est le maître, et, ce qui est bien naturel, ils ne s'en accommodent pas longtemps, et passent au monarchique. Quelqu'un se distingue, ou par une plus grande vivacité, ou par une meilleure disposition du corps, ou par une connaissance plus exacte des jeux différents et des petites lois qui les composent ; les autres lui défèrent, et il se forme alors un gouvernement absolu qui ne roule que sur le plaisir.
La Bruyère.

Des enfants étourdis viennent les hommes vulgaires.
J. J. Rousseau.

Par l'association des idées, le bonheur du premier âge en fait aimer tous les événements, les mets dont on fut nourri, les chants qu'on entendit, l'éducation que l'on reçut, et les peines mêmes qu'elle causa.
Joubert.

# L'ÉDUCATION

L'éducation de l'homme commence à sa naissance.
J. J. ROUSSEAU.

Je treuve que nos plus grands vices prennent leur ply dez nostre plus tendre enfance, et que nostre principal gouvernement est entre les mains des nourrices.
MONTAIGNE.

La seule habitude qu'on doit laisser prendre aux enfants est de n'en contracter aucune.
J. J. ROUSSEAU.

Tout s'apprend, même la vertu.
JOUBERT.

A ce propos, on demandoit à Agesilaus ce qu'il seroit d'avis que les enfants apprinssent : « Ce qu'ils doivent faire estant hommes », respondit-il.
MONTAIGNE.

Une bonne institution, elle change le jugement et les mœurs.
MONTAIGNE.

Les inclinations naturelles s'aydent et fortifient par institution; mais elles ne changent gueres et surmontent : mille natures, de mon temps, ont eschappé vers la vertu, ou vers le vice, au travers d'une discipline contraire. On n'extirpe pas ces qualités originelles, on les couvre, on les cache.

Montaigne.

Cette âme donc toute neuve et blanche, tendre et molle, reçoit fort aisément le pli et l'impression qu'on lui veut donner, et puis ne le perd aisément.

Charron.

C'est un excès de confiance dans les parents d'espérer tout de la bonne éducation de leurs enfants, et une grande erreur de n'en attendre rien et de la négliger.

La Bruyère.

Quand il serait vrai, ce que plusieurs disent, que l'éducation ne donne point à l'homme un autre cœur ni une autre complexion, qu'elle ne change rien dans son fonds et ne touche qu'aux superficies, je ne laisserais pas de dire qu'elle ne lui est pas inutile.

La Bruyère.

Il en est des hommes comme des bêtes ; la nature fait les plis, l'éducation et l'habitude font les calus.

L'abbé Galiani.

Qu'est-ce que nos principes naturels, sinon nos principes accoutumés ? Dans les enfants, ceux qu'ils ont reçus de coutume de leurs pères, comme la chasse dans les animaux.

Une différente coutume donnera d'autres principes naturels. Cela se voit par expérience ; et, s'il y en a d'ineffaçables à la coutume, il y en a aussi de la coutume ineffaçables à la nature. Cela dépend de la disposition.

Les pères craignent que l'amour des enfants ne s'efface. Quelle est donc cette nature sujette à être effacée ? La coutume est une seconde nature, qui détruit la première. Pourquoi la coutume n'est-elle pas naturelle ? J'ai bien peur que cette nature ne soit elle-même qu'une première coutume, comme la coutume est une seconde nature.

Pascal.

L'éducation n'est certainement qu'une habitude.

J. J. Rousseau.

Ce sont presque toujours de bons sentiments mal

dirigés qui font faire aux enfants le premier pas vers le mal.

J. J. Rousseau.

Il n'y a guère de personnes qui, dans le premier penchant de l'âge, ne fassent connaître par où leur corps et leur esprit doivent défaillir.

La Rochefoucauld.

Nous avons tous dans le cœur des germes de vertus et de vices : il s'agit d'étouffer les uns et de développer les autres.

Duclos.

On façonne les plantes par la culture et les hommes par l'éducation.

J. J. Rousseau.

La jeunesse, comme la verdure, pare la terre; mais l'éducation la couvre de moissons.

Rivarol.

L'éducation doit porter sur deux bases : la morale et la prudence; la morale, pour appuyer la vertu; la prudence, pour vous défendre contre les vices d'autrui. En faisant pencher la balance du côté de la morale, vous ne faites que des dupes ou des martyrs ; en la faisant pencher de l'autre côté, vous faites des calculateurs égoïstes. Le principe de toute société est de se rendre justice à soi-même et aux autres. Si l'on doit aimer son prochain comme soi-même, il est au moins aussi juste de s'aimer comme son prochain.

Chamfort.

Dans l'éducation générale, on doit considérer les hommes relativement à l'humanité et à la patrie ; c'est l'objet de la morale. Dans l'éducation particulière, qui comprend l'instruction, il faut avoir égard à la condition, aux dispositions naturelles, aux talents personnels. Tel est, ou devrait être l'objet de l'instruction.

Duclos.

Les enfants ont plus besoin de modèles que de critiques.

Joubert.

Mettez toutes les leçons des jeunes gens en actions plutôt qu'en discours.

J. J. Rousseau.

Souvenez-vous-en bien, l'éducation ne consiste pas seulement à orner la mémoire et à éclairer l'entendement : elle doit surtout s'occuper à diriger la volonté.

Joubert.

Pour revenir à mon propos, il n'y a tel que d'alleicher l'appetit et l'affection ; aultrement on ne faict que des asnes chargez de livres ; on leur donne à coups de fouet en garde leur pochette pleine de science ; laquelle, pour bien faire, il ne fault pas seulement loger chez soy, il la fault epouser.

Montaigne.

La direction de notre esprit est plus importante que ses progrès.

Joubert.

Rien n'est plus difficile que de se proportionner à l'esprit des enfants; et c'est avec raison que Montaigne a dit que « c'est l'effet d'une âme forte et bien élevée de se pouvoir accommoder à ces allures puériles ». Il est facile de faire des discours de morale pendant une heure ; mais d'y rapporter toujours toutes choses sans qu'un enfant s'en aperçoive et s'en dégoûte, c'est ce qui demande une adresse bien rare.

Nicole.

Pas trop élever est une maxime qui convient surtout aux garçons. Il faut un peu les abandonner à l'énergie de nature. J'aime qu'ils soient violents, étourdis, capricieux. Une tête ébouriffée me plaît plus qu'une tête bien peignée. Laissons-les prendre une physionomie qui leur appartienne.

Diderot.

On instruit les enfants à craindre et à obéir; l'avarice ou l'orgueil, ou la timidité des pères, leur enseigne l'économie et la soumission. On les excite encore à être copistes, à quoi ils ne sont déjà que trop enclins ; nul ne songe à les rendre originaux, entreprenants, indépendants.

Vauvenargues.

Qui doute que les enfants ne conçoivent, qu'ils ne jugent, qu'ils ne raisonnent conséquemment ? Si c'est seulement sur de petites choses, c'est qu'ils sont enfants, et sans une longue expérience; et si c'est en mauvais termes, c'est moins leur faute que celle de leurs parents ou de leurs maîtres.

La Bruyère.

Une erreur commune à tous les parents qui se piquent de lumières, est de supposer les enfants raisonnables dès leur naissance, et de leur parler comme à des hommes, avant même qu'ils sachent parler.

J. J. Rousseau.

Pour moi, je ne vois rien de plus sot que ces enfants avec qui l'on a tant raisonné.

J. J. Rousseau.

Dans tout ce qu'on accorde aux enfants, ils voient aisément le désir de leur complaire; dans tout ce qu'on en exige ou qu'on leur refuse, ils doivent supposer des raisons sans les demander. C'est un autre avantage qu'on gagne à user avec eux d'autorité plutôt que de persuasion dans les occasions nécessaires; car comme il n'est pas possible qu'ils n'aperçoivent quelquefois la raison qu'on a d'en user ainsi, il est naturel qu'ils la supposent encore quand ils sont hors d'état de la voir... En un mot, le seul moyen de les rendre dociles à la raison, n'est pas de raisonner avec eux, mais bien de les convaincre que la raison est au-dessus de leur âge.

J. J. Rousseau.

L'enfant exerce d'abord sa volonté sur tout ce qui l'environne. Si on lui cède en tout, il devient tyran; si on lui résiste arbitrairement en tout, il devient esclave; point de milieu. Mais une éducation dirigée avec quelque bon sens le conduit aux idées de liberté et de vertu, état raisonné où il n'aurait su parvenir seul.

Rivarol.

# L'ÉDUCATION.

L'instruction des enfants est un métier où il faut savoir perdre du temps pour en gagner.

J. J. ROUSSEAU.

L'éducation doit être tendre et sévère, et non pas froide et molle.

JOUBERT.

Aussi bien est-ce une opinion receue d'un chascun, que ce n'est pas raison de nourrir un enfant au giron de ses parents : cette amour naturelle les attendrit trop et relasche, voire les plus sages.

MONTAIGNE.

L'enfant ne doibt au paidagogisme que les premiers quinze ou seize ans de sa vie : le demourant est deu à l'action.

MONTAIGNE.

Voyez l'escolier revenir de là, apres quinze ou seize ans employez ; il n'est rien si mal propre à mettre en besongne : tout ce que vous y reconnoissez d'advantage, c'est que son latin et son grec l'ont rendu plus sot et plus presumptueux qu'il n'etoit party de la maison. Il en debvoit rapporter l'ame pleine, il ne l'en rapporte

que bouffie, et l'a seulement enflee au lieu de la grossir.
MONTAIGNE.

L'on ne peut guère charger l'enfance de la connaissance de trop de langues, et il me semble que l'on devrait mettre toute son application à l'en instruire : elles sont utiles à toutes les conditions des hommes, et elles leur ouvrent également l'entrée ou à une profonde ou à une facile et agréable érudition. Si l'on remet cette étude si pénible à un âge un peu plus avancé, et qu'on appelle la jeunesse, ou l'on n'a pas la force de l'embrasser par choix, ou l'on n'a pas celle d'y persévérer ; et si l'on y persévère, c'est consumer à la recherche des langues le même temps qui est consacré à l'usage que l'on en doit faire ; c'est borner à la science des mots un âge qui veut déjà aller plus loin, et qui demande des choses ; c'est au moins avoir perdu les premières et les plus belles années de sa vie. Un si grand fonds ne se peut bien faire que lorsque tout s'imprime dans l'âme naturellement et profondément; que la mémoire est neuve, prompte et fidèle ; que l'esprit et le cœur sont encore vides de passions, de soins et de désirs, et que l'on est déterminé à de longs travaux par ceux de qui l'on dépend. Je suis persuadé que le petit nombre d'habiles, ou le grand nombre de gens superficiels, vient de l'oubli de cette pratique.
LA BRUYÈRE.

L'intention de la nature est que le corps se fortifie avant que l'esprit s'exerce.

J. J. ROUSSEAU.

Ce n'est pas une ame, ce n'est pas un corps, qu'on dresse ; c'est un homme : il n'en fault pas faire à deux ; et, comme dict Platon, il ne fault pas dresser l'un sans l'aultre, mais les conduire egualement, comme une couple de chevaulx attelez à mesme timon.

MONTAIGNE.

## LA JEUNESSE

La jeunesse est une chose charmante ; elle part au commencement de la vie, couronnée de fleurs, comme la flotte athénienne pour aller conquérir la Sicile.

CHATEAUBRIAND.

Les premiers jours du printemps ont moins de grâce que la vertu naissante d'un jeune homme.

VAUVENARGUES.

Les orages de la jeunesse sont environnés de jours brillants.

VAUVENARGUES.

L'adolescence n'est l'âge ni de la vengeance ni de la haine, elle est celui de la commisération, de la clémence, de la générosité. Oui, je le soutiens, et je ne crains pas d'être démenti par l'expérience, un enfant qui n'est pas mal né, et qui a conservé jusqu'à vingt ans son innocence, est, à cet âge, le plus généreux, le meilleur, le plus aimant et le plus aimable des hommes.

J. J. ROUSSEAU.

Les nobles et généreuses natures, lorsqu'elles entrent dans la vie, et qu'elles ne connaissent pas encore les hommes ni l'étoffe dont nous sommes en majeure partie formés, passent volontiers par une période ardente et austère, par une passion stoïque, spartiate, tribunitienne, dans laquelle, selon les temps divers, on invoque les Harmodius, les Caton, les Thraséas, et où de loin les Gracques et les girondins se confondent.

SAINTE-BEUVE.

La jeunesse est une ivresse continuelle; c'est la fièvre de la raison.

LA ROCHEFOUCAULD.

A tout jeune homme qui entre dans la carrière, il y a une chose à demander : Quels sont tes dieux ?

SAINTE-BEUVE.

## LA JEUNESSE.

Le premier sentiment dont un jeune homme élevé soigneusement est capable, n'est pas l'amour, c'est l'amitié. Le premier acte de son imagination naissante est de lui apprendre qu'il a des semblables, et l'espèce l'affecte avant le sexe.

J. J. Rousseau.

Les jeunes gens connaissent plutôt l'amour que la beauté.

Vauvenargues.

Je n'estimerais pas un jeune homme qui n'aurait pas commencé par l'amour.

Buffon.

Il faut que les jeunes gens qui entrent dans le monde soient honteux ou étourdis : un air capable et composé se tourne d'ordinaire en impertinence.

La Rochefoucauld.

La plupart des jeunes gens sont timides et orgueilleux, au lieu d'être assurés et modestes.

Rivarol.

La plupart des jeunes gens croient être naturels, lorsqu'ils ne sont que mal polis et grossiers.

La Rochefoucauld.

Un jeune homme méfiant court le danger d'être fourbe un jour.

JOUBERT.

Il fauldroit donner le fouet à un jeune homme qui s'amuseroit à choisir le goust du vin et des saulces.

MONTAIGNE.

N'estimez que le jeune homme que les vieillards trouvent poli.

JOUBERT.

Les entretiens intéressants et sensés d'une femme de mérite sont plus propres à former un jeune homme, que toute la pédantesque philosophie des livres.

J. J. ROUSSEAU.

L'éducation que l'on donne d'ordinaire aux jeunes gens est un second amour-propre qu'on leur inspire.

LA ROCHEFOUCAULD.

La grande jeunesse est incapable de réflexions; elle est vide, pleine de feu et point tendre; tout attachement lui est contrainte; et l'union des cœurs, que les gens raisonnables trouvent le seul plaisir qu'il y ait dans la vie, lui paraît un joug insupportable.

BUSSY-RABUTIN.

## LA JEUNESSE.

Il n'est rien qu'on doibve tant recommender à la jeunesse que l'activité et la vigilance : nostre vie n'est que mouvement.

MONTAIGNE.

Laissons l'écume blanchir au frein du jeune coursier.

CHATEAUBRIAND.

Les jeunes gens souffrent moins de leurs fautes que de la prudence des vieillards.

VAUVENARGUES.

La jeunesse a besoin de mouvement avant tout, et elle n'est pas difficile sur les idées.

SAINTE-BEUVE.

Le matin de la vie est comme le matin du jour, plein de pureté, d'images et d'harmonies.

CHATEAUBRIAND.

# LA FAMILLE

L'ingratitude la plus odieuse, mais la plus commune et la plus ancienne, est celle des enfants envers leurs pères.
VAUVENARGUES.

L'amour paternel ne diffère pas de l'amour-propre. Un enfant ne subsiste que par ses parents, dépend d'eux, vient d'eux, leur doit tout ; ils n'ont rien qui leur soit si propre. Aussi un père ne sépare point l'idée d'un fils de la sienne, à moins qu'un fils n'affaiblisse cette idée de propriété par quelque contradiction ; mais plus un père s'irrite de cette contradiction, plus il s'afflige, plus il prouve ce que je dis.
VAUVENARGUES.

Un père est bien misérable, qui ne tient l'affection de ses enfants que par le besoing qu'ils ont de son secours, si cela se doibt nommer affection.
MONTAIGNE.

Les enfants peut-être seraient plus chers à leurs pères, et réciproquement les pères à leurs enfants, sans le titre d'héritiers.
La Bruyère.

Il y a d'étranges pères, et dont toute la vie ne semble occupée qu'à préparer à leurs enfants des raisons de se consoler de leur mort.
La Bruyère.

On reproche plus aux enfants la honte de leur père, qu'aux pères celle de leurs enfants. Il me semble que le contraire serait moins injuste, parce que ce serait alors punir les pères de n'avoir pas rectifié les mauvaises inclinations de leurs enfants, par une éducation convenable. Si l'on pense autrement, est-ce par un sentiment de compassion pour la vieillesse, ou par le plaisir barbare d'empoisonner la vie de ceux qui ne font que commencer leur carrière ?
Duclos.

La sévérité rend les parents plus tendres. On aime ceux dont on est craint d'une crainte respectueuse.
Joubert.

Le tutoiement s'est retranché dans la famille, et après avoir tutoyé tout le monde, on ne tutoie plus que ses père et mère. Cet usage met toute la maison à son aise : il dispense les parents d'autorité et les enfants de respect.

De Bonald.

Les enfants doivent avoir pour amis leurs camarades, et non pas leurs pères et leurs maîtres. Ceux-ci ne doivent être que leurs guides.

Joubert.

L'on aime mieux ses petits-enfants que ses fils : c'est qu'on sait à peu près au juste ce qu'on tire de ses fils, la fortune et le mérite qu'ils ont ; mais on espère et l'on se flatte sur ses petits-fils.

Montesquieu.

L'attrait de la vie domestique est le meilleur contre-poison des mauvaises mœurs.

J. J. Rousseau.

Les goûts simples qui s'allient avec les études abstraites donnent une sorte de candeur, de timidité qui fait aimer la vie domestique.

Maine de Biran.

L'intérieur des familles est souvent troublé par des

défiances, par les jalousies et par l'antipathie, pendant que des dehors contents, paisibles et enjoués nous trompent et nous y font supposer une paix qui n'y est point : il y en a peu qui gagnent à être approfondies. Cette visite que vous rendez vient de suspendre une querelle domestique qui n'attend que votre retraite pour recommencer.

La Bruyère.

Les enfants ne sont bien soignés que par leurs mères, et les hommes que par leurs femmes.

Joubert.

Ce qu'une marâtre aime le moins de tout ce qui est au monde, ce sont les enfants de son mari : plus elle est folle de son mari, plus elle est marâtre.

La Bruyère.

Combien de fois la vue d'une mère légère et inconsidérée n'a-t-elle pas jeté une fille judicieuse et sensée dans un ordre de réflexions plutôt sévères et exactes !

Sainte-Beuve.

La plupart des veuves se trouvent presque à la merci de leurs enfants, et alors ils leur font vivement sentir en bien ou en mal l'effet de la manière dont elles les ont élevés.

J. J. Rousseau.

Jeunes ou vieilles, les femmes ne voient jamais un maillot sans ressentir une émotion que les hommes ne peuvent connaître.

Madame Campan.

Il paraît qu'il y a dans le cerveau des femmes une case de moins, et dans leur cœur une fibre de plus que chez les hommes. Il fallait une organisation particulière pour les rendre capables de supporter, soigner, caresser des enfants.

Chamfort.

---

## LE MARIAGE

Il y a de bons mariages; mais il n'y en a point de délicieux.

La Rochefoucauld.

L'amour hait qu'on se tienne par ailleurs que par luy, et se mesle laschement aux accointances qui sont dressees et entretenues sous aultre tiltre, comme est le mariage : l'alliance, les moyens y poisent par raison, (doivent y entrer en compte), autant ou plus que les graces et la beauté.

MONTAIGNE.

En amour, il suffit de se plaire par ses qualités aimables et par ses agréments; mais en mariage, pour être heureux, il faut s'aimer, ou du moins se convenir par ses défauts.

CHAMFORT.

Une des meilleures raisons qu'on puisse avoir de ne se marier jamais, c'est qu'on n'est pas tout à fait la dupe d'une femme tant qu'elle n'est point la vôtre.

CHAMFORT.

Il en advient ce qui se veoid aux cages : les oyseaux qui en sont dehors desesperent d'y entrer; et d'un pareil soing en sortir, ceulx qui sont dedans.

MONTAIGNE.

Le mot le plus raisonnable et le plus mesuré qui ait été dit sur la question du célibat et du mariage est celui-ci : « Quelque parti que tu prennes, tu t'en repentiras. » Fontenelle se repentit, dans ses dernières années, dé ne s'être pas marié. Il oubliait quatre-vingt-quinze ans passés dans l'insouciance.

Chamfort.

Un homme libre, et qui n'a point de femme, s'il a quelque esprit, peut s'élever au-dessus de sa fortune, se mêler dans le monde, et aller de pair avec les plus honnêtes gens ; cela est moins facile à celui qui est engagé : il semble que le mariage met tout le monde dans son ordre.

La Bruyère.

Combien de filles à qui une grande beauté n'a jamais servi qu'à leur faire espérer une grande fortune !

La Bruyère.

Il est bien vray que celle qui est eschappee, bagues saufves, d'une escholage libre, apporte bien plus de fiance de soy, que celle qui sort saine d'une eschole severe et prisonniere.

Montaigne.

Faire une folie et se marier par amourette, c'est épouser Mélite, qui est jeune, belle, sage, économe, qui plaît, qui vous aime, qui a moins de bien qu'Égine, qu'on vous propose, et qui, avec une riche dot, apporte de riches dispositions à la consumer, et tout votre fond avec sa dot.

La Bruyère.

Je ne veois point de mariages qui faillent plustot et se treublent, que ceux qui s'acheminent par la beauté et desirs amoureux : il y fault des fondements plus solides et plus constants, et y marcher d'aguet (avec réserve et précaution); cette bouillante alaigresse n'y vault rien.

Montaigne.

Pourquoi préfère-t-on pour sa fille un sot qui a un nom et un état à un homme d'esprit ? C'est que les avantages du sot se partagent, et que ceux de l'esprit sont incommunicables. Un duc fait de sa femme une duchesse; un homme d'esprit ne fait pas une femme d'esprit.

Rivarol.

Les bourgeois, par une vanité ridicule, font de leur fille un fumier pour les terres des gens de qualité.

Chamfort.

Les aigreurs comme les doulceurs du mariage se tiennent secrettes par les sages.

Montaigne.

Car Bonne femme, et Bon mariage, se dict, non de qui l'est, mais duquel on se taist.

MONTAIGNE.

La pire de toutes les mésalliances est celle du cœur.

CHAMFORT.

Il y a peu de femmes si parfaites, qu'elles empêchent un mari de se repentir, au moins une fois le jour, d'avoir une femme ou de trouver heureux celui qui n'en a point.

LA BRUYÈRE.

Cléante est un très-honnête homme, il s'est choisi une femme qui est la meilleure personne du monde et la plus raisonnable : chacun de sa part fait tout le plaisir et tout l'agrément des sociétés où il se trouve : l'on ne peut voir ailleurs plus de probité, plus de politesse ; ils se quittent demain, et l'acte de leur séparation est dressé chez le notaire. Il y a sans mentir de certains mérites qui ne sont point faits pour être ensemble, de certaines vertus incompatibles.

LA BRUYÈRE.

Quelques femmes ont, dans le cours de leur vie, un double engagement à soutenir, également difficile à rompre et à dissimuler : il ne manque à l'un que le contrat, et à l'autre que le cœur.

La Bruyère.

Il est à l'adventure plus facile de se passer nettement de tout le sexe, que de se maintenir deuement de tout poinct en la compagnie de sa femme.

Montaigne.

Un homme de lettres peut avoir une maîtresse qui fasse des livres, mais il faut que sa femme fasse des chemises.

Diderot.

Un mari n'aime pas à trouver un rival ni un docteur dans sa femme.

Bernardin de Saint-Pierre.

C'est trop contre un mari d'être coquette et dévote; une femme devrait opter.

La Bruyère.

Rien ne fait plus d'honneur à une femme que sa patience, et rien ne lui en fait aussi peu que la patience de son mari.

Joubert.

Telle autre femme à qui le désordre manque pour mortifier son mari, y revient par sa noblesse et ses alliances, par la riche dot qu'elle a apportée, par les charmes de sa beauté, par son mérite, par ce que quelques-uns appellent vertu.

La Bruyère.

Je ne comprends pas comment un mari qui s'abandonne à son humeur et à sa complexion, qui ne cache aucun de ses défauts, et se montre au contraire par ses mauvais endroits, qui est avare, qui est trop négligé dans son ajustement, brusque dans ses réponses, incivil, froid et taciturne, peut espérer de défendre le cœur d'une jeune femme contre les entreprises de son galant qui emploie la parure et la magnificence, la complaisance, les soins, l'empressement, les dons, la flatterie.

La Bruyère.

Le mariage, qui devrait être à l'homme une source de tous les biens, lui est souvent, par la disposition de sa fortune, un lourd fardeau sous lequel il succombe : c'est alors qu'une femme et des enfants sont une violente tentation à la fraude, au mensonge et aux gains illicites ; il se trouve entre la friponnerie et l'indigence ; étrange situation !

La Bruyère.

Épouser une veuve, en bon français, signifie faire sa fortune ; il n'opère pas toujours ce qu'il signifie.

La Bruyère.

On n'est, avec dignité, épouse et veuve qu'une fois.

Joubert.

Nous avons pensé attacher plus ferme le nœud de nos mariages, pour avoir osté tout moyen de les dissouldre ; mais d'autant s'est desprins et relasché le nœud de la volonté et de l'affection, que celui de la contraincte s'est estrecy.

Montaigne.

# LE MONDE

La société, ce qu'on appelle le monde, n'est que la lutte de mille petits intérêts opposés, une lutte éternelle de toutes les vanités qui se croisent, se choquent, tour à tour blessées, humiliées l'une par l'autre, qui expient le lendemain, dans le dégoût d'une défaite, le triomphe de la veille. Vivre solitaire, ne point être froissé dans ce choc misérable où l'on attire un instant les yeux pour être écrasé l'instant d'après, c'est ce qu'on appelle n'être rien, n'avoir pas d'existence. Pauvre humanité !

CHAMFORT.

Il y a une chose qu'on n'a point vue sous le ciel, et que selon toutes les apparences on ne verra jamais : c'est une petite ville qui n'est divisée en aucuns partis, où les familles sont unies et où les cousins se voient avec confiance, où un mariage n'engendre point une guerre civile, où la querelle des rangs ne se réveille pas à tous moments par l'offrande, l'encens et le pain bénit, par les processions et par les obsèques, d'où l'on a banni les caquets, le mensonge et la médisance, où l'on voit parler ensemble le bailli et le président, les élus et les assesseurs, où le doyen vit bien avec ses chanoines, où les chanoines ne dédaignent pas les chapelains, et où ceux-ci souffrent les chantres.

La Bruyère.

J'approche d'une petite ville, et je suis sur une hauteur d'où je la découvre. Elle est située à mi-côte, une rivière baigne ses murs et coule ensuite dans une belle prairie ; elle a une forêt épaisse qui la couvre des vents froids et de l'aquilon. Je la vois dans un jour si favorable, que je compte ses tours et ses clochers ; elle me paraît peinte sur le penchant de la colline. Je me récrie et je dis : Quel plaisir de vivre sous un si beau ciel, et dans un séjour si délicieux! Je descends dans la ville, où je n'ai pas couché deux nuits, que je ressemble à ceux qui l'habitent, j'en veux sortir.

La Bruyère.

Tout est cabale : de la foire à Versailles, et des curés de village jusqu'au pape.

Voltaire.

C'est le premier inconvénient des grandes villes, que les hommes y deviennent autres que ce qu'ils sont, et que la société leur donne, pour ainsi dire, un être différent du leur.
J. J. Rousseau.

La plupart des hommes qui vivent dans le monde, y vivent si étourdiment, pensent si peu, qu'ils ne connaissent pas ce monde qu'ils ont toujours sous les yeux. Ils ne le connaissent pas, disait plaisamment M. de B..., par la raison qui fait que les hannetons ne savent pas l'histoire naturelle.
Chamfort.

M. de Lassay, homme très-doux, mais qui avait une grande connaissance de la société, disait qu'il faudrait avaler un crapaud tous les matins, pour ne trouver plus rien de dégoûtant le reste de la journée, quand on devait la passer dans le monde.
Chamfort.

Peut-être, pour les succès du monde, faut-il des vertus qui fassent aimer, et des défauts qui fassent craindre.
Joubert.

Il y a des gens dégoûtants avec du mérite, et d'autres qui plaisent avec des défauts.
La Rochefoucauld.

# LE MONDE.

Il y a des hommes qui ne sont point aimables, mais qui n'empêchent pas les autres de l'être : leur commerce est quelquefois supportable. Il y en a d'autres qui, n'étant point aimables, nuisent encore par leur seule présence au développement de l'amabilité d'autrui ; ceux-là sont insupportables : c'est le grand inconvénient de la pédanterie.

CHAMFORT.

J'ai toujours vu que pour réussir dans le monde, il fallait avoir l'air fou et être sage.

MONTESQUIEU.

Des qualités trop supérieures rendent souvent un homme moins propre à la société. On ne va pas au marché avec des lingots ; on y va avec de l'argent ou de la petite monnaie.

CHAMFORT.

Le fat est entre l'impertinent et le sot; il est composé de l'un et de l'autre.

LA BRUYÈRE.

Il n'y a d'aimable que les dupes ; il n'y a que les fripons qui soient aimés.

Madame D'ÉPINAY.

Tout notre mal vient de ne pouvoir être seuls ; de là le jeu, le luxe, la dissipation, le vin, les femmes, l'ignorance, la méfiance, l'envie, l'oubli de soi-même et de Dieu.

La Bruyère.

Un esprit sain puise à la cour le goût de la solitude et de la retraite.

La Bruyère.

Le monde est pour ceux qui suivent les cours ou qui peuplent les villes ; la nature n'est que pour ceux qui habitent la campagne, eux seuls vivent, eux seuls du moins connaissent qu'ils vivent.

La Bruyère.

Ce qui nous fait aimer les nouvelles connaissances n'est pas tant la lassitude que nous avons des vieilles, ou le plaisir de changer, que le dégoût de n'être pas assez admiré de ceux qui nous connaissent trop, et l'espérance de l'être davantage de ceux qui ne nous connaissent pas tant.

La Rochefoucauld.

Le monde récompense plus souvent les apparences du mérite que le mérite même.

La Rochefoucauld.

En voyant ou en éprouvant les peines attachées aux sentiments extrêmes, en amour, en amitié, soit par la mort de ce qu'on aime, soit par les accidents de la vie, on est tenté de croire que la dissipation et la frivolité ne sont pas de si grandes sottises, et que la vie ne vaut guère que ce qu'en font les gens du monde.

CHAMFORT.

Qui peut, avec les plus rares talents et le plus excelcellent mérite, n'être pas convaincu de son inutilité, quand il considère qu'il laisse, en mourant, un monde qui ne se sent pas de sa perte, et où tant de gens se trouvent pour le remplacer ?

LA BRUYÈRE.

Il se tire une merveilleuse clarté pour le jugement humain, de la frequentation du monde : nous sommes touts contraints et amoncelez en nous, et avons la veue raccourcie à la longueur de nostre nez.

MONTAIGNE.

Rarement l'étude est utile, lorsqu'elle n'est pas accompagnée du commerce du monde. Il ne faut pas séparer ces deux choses : l'une nous apprend à penser, l'autre à agir ; l'une à parler, l'autre à écrire ; l'une à disposer nos actions, l'autre à les rendre faciles.

VAUVENARGUES.

Pour rendre la société commode, il faut que chacun conserve sa liberté. Il ne faut point se voir, ou se voir sans sujétion, et pour se divertir ensemble. Il faut pouvoir se séparer sans que cette séparation apporte de changement. Il faut se pouvoir passer les uns des autres, si on ne veut pas s'exposer à embarrasser quelquefois ; et on doit se souvenir qu'on incommode souvent quand on croit ne pouvoir jamais incommoder. Il faut contribuer, autant qu'on le peut, au divertissement des personnes avec qui on veut vivre ; mais il ne faut pas être toujours chargé du soin d'y contribuer.

La Rochefoucauld.

## L'OPINION

L'opinion publique est une juridiction que l'honnête homme ne doit jamais reconnaître parfaitement et qu'il ne doit jamais décliner.

Chamfort.

C'est une grande folie de vouloir être sage tout seul.

La Rochefoucauld.

Qui dispense la réputation, qui donne le respect et la vénération aux personnes, aux ouvrages, aux grands, sinon l'opinion ? Combien toutes les richesses de la terre sont-elles insuffisantes sans son consentement !

L'opinion dispose de tout. Elle fait la beauté, la justice et le bonheur, qui est le tout du monde. Je voudrais de bon cœur voir le livre italien, dont je ne connais que ce titre, qui vaut lui seul bien des livres : *Della opinione regina del mundo.*

Pascal.

L'opinion est la reine du monde, parce que la sottise est la reine des sots.

Chamfort.

Nous cherchons notre bonheur hors de nous-mêmes et dans l'opinion des hommes, que nous connaissons flatteurs, peu sincères, sans équité, pleins d'envie, de caprices et de préventions : quelle bizarrerie !

La Bruyère.

*Nous demeurons flétris et avilis à nos propres yeux, tant que nous croyons l'être à ceux du monde :* nous ne mesurons pas nos fautes par la vérité, mais par l'opinion.

Vauvenargues.

Il y a peu d'hommes assez sûrs et assez satisfaits de l'opinion qu'ils ont d'eux-mêmes, pour être indifférents sur celle des autres ; et il y en a qui en sont plus tourmentés que des besoins de la vie.

DUCLOS.

Un cheval ne cherche point à se faire admirer de son compagnon. On voit bien entre eux quelque sorte d'émulation à la course, mais c'est sans conséquence ; car, étant à l'étable, le plus pesant et le plus mal taillé ne cède pas pour cela son avoine à l'autre. Il n'en est pas de même parmi les hommes : leur vertu ne se satisfait pas d'elle-même, et ils ne sont point contents s'ils n'en tirent avantage contre les autres.

PASCAL.

Il faut qu'un honnête homme ait l'estime publique sans y avoir pensé, et pour ainsi dire malgré lui. Celui qui l'a cherchée, donne sa mesure.

CHAMFORT.

Tout ce qui est mérite se sent, se discerne, se devine réciproquement ; si l'on voulait être estimé, il faudrait vivre avec des personnes estimables.

LA BRUYÈRE.

Nous respectons malgré nous ceux que nous voyons respectés.

JOUBERT.

Il y a une élévation qui ne dépend point de la fortune : c'est un certain air qui nous distingue et qui semble nous destiner aux grandes choses ; c'est un prix que nous nous donnons imperceptiblement à nous-mêmes ; c'est par cette qualité que nous usurpons les déférences des autres hommes ; et c'est elle d'ordinaire qui nous met plus au-dessus d'eux que la naissance, les dignités et le mérite même.

La Rochefoucauld.

Si l'on acquiert la considération, on l'usurpe aussi. Vous voyez des hommes dont on vante le mérite : si l'on veut examiner en quoi il consiste, on est étonné du vide ; on trouve que tout se borne à un air, à un ton d'importance et de suffisance ; un peu d'impertinence n'y nuit pas ; et quelquefois le maintien suffit. Ils se sont portés pour respectables, et on les respecte ; sans quoi, on n'irait pas jusqu'à les estimer.

Duclos.

Il y a des gens qu'on approuve dans le monde, qui n'ont pour tout mérite que les vices qui servent au commerce de la vie.

La Rochefoucauld.

Avec de la vertu, de la capacité et une conduite, on peut être insupportable. Les manières que l'on néglige comme de petites choses sont souvent ce qui fait que les hommes décident de vous en bien ou en mal : une légère attention à les avoir douces et polies prévient leurs mauvais jugements. Il ne faut presque rien pour être cru fier, incivil, méprisant, désobligeant; il faut encore moins pour être estimé tout le contraire.

La Bruyère.

Personne presque ne s'avise de lui-même du mérite d'un autre. Les hommes sont trop occupés d'eux-mêmes pour avoir le loisir de pénétrer ou de discerner les autres : de là vient qu'avec un grand mérite et une plus grande modestie l'on peut être longtemps ignoré.

La Bruyère.

On ne se doute pas au premier coup d'œil du mal que fait l'ambition de mériter cet éloge si commun : *Monsieur un tel est très-aimable.* Il arrive, je ne sais comment, qu'il y a un genre de facilité, d'insouciance, de faiblesse, de déraison, qui plaît beaucoup, quand ces qualités se trouvent mêlées avec de l'esprit; que l'homme dont on fait ce qu'on veut, qui appartient au moment, est plus agréable que celui qui a de la suite, du caractère, des principes, qui n'oublie pas son ami malade ou absent, qui sait quitter une partie de plaisir pour lui rendre service, etc. Ce serait une liste ennuyeuse que celle des défauts, des torts et des travers qui plaisent. Aussi les gens du monde, qui ont réfléchi sur l'art de plaire plus qu'on ne croit et qu'ils ne croient eux-mêmes, ont la plupart de ces défauts, et cela vient de la nécessité de faire dire de soi : Monsieur un tel est très-aimable.

Chamfort.

L'homme aimable, du moins celui à qui l'on donne aujourd'hui ce titre, est fort indifférent sur le bien public : ardent à plaire à toutes les sociétés où son goût et le hasard le jettent, et prêt à en sacrifier chaque particulier, il n'aime personne, n'est aimé de qui que ce soit, plaît à tous, et souvent est méprisé et recherché par les mêmes gens.

Duclos.

Tout le monde dit d'un fat qu'il est un fat, personne n'ose le lui dire à lui-même ; il meurt sans le savoir et sans que personne se soit vengé.

La Bruyère.

Un fat est celui que les sots croient un homme de mérite. L'impertinent est un fat outré. Le fat lasse, ennuie, dégoûte, rebute : l'impertinent rebute, aigrit, irrite, offense ; il commence où l'autre finit.

La Bruyère.

## LE MONDE.

Quelques fous se sont dit à table : Il n'y a que nous qui soyons bonne compagnie, et on les croit.

Vauvenargues.

L'importance sans mérite obtient des égards sans estime.

Chamfort.

Que trouve un jeune homme en entrant dans le monde ? Des gens qui veulent le protéger, prétendent l'*honorer*, le gouverner, le conseiller. Je ne parle point de ceux qui veulent l'écarter, lui nuire, le perdre ou le tromper. S'il est d'un caractère assez élevé pour vouloir n'être protégé que par ses mœurs, ne s'honorer de rien ni de personne, se gouverner par ses principes, se conseiller par ses lumières, par son caractère et d'après sa position qu'il connaît mieux que personne, on ne manque pas de dire qu'il est original, singulier, indomptable. Mais s'il a peu d'esprit, peu d'élévation, peu de principes, s'il ne s'aperçoit pas qu'on le protége, qu'on veut le gouverner, s'il est l'instrument des gens qui s'en emparent, on le trouve charmant, et c'est, comme on dit, le meilleur enfant du monde.

Chamfort.

Le ridicule déshonore plus que le déshonneur.

La Rochefoucauld.

## L'OPINION.

La plupart des gens ne jugent des hommes que par la vogue qu'ils ont, ou par leur fortune.

La Rochefoucauld.

Nos actions sont comme les bouts-rimés que chacun fait rapporter à ce qui lui plaît.

La Rochefoucauld.

Un grand courage est l'effet d'une grande crainte de l'opinion. Que de gens auraient peur s'ils l'osaient !

L'abbé Galiani.

On ne se soucie pas d'être estimé dans les villes où on ne fait que passer ; mais quand on y doit demeurer un peu de temps, on s'en soucie. Combien de temps faut-il ? Un temps proportionné à notre durée vaine et chétive.

Pascal.

La calomnie est comme la guêpe qui vous importune, et contre laquelle il ne faut faire aucun mouvement, à moins qu'on ne soit sûr de la tuer, sans quoi elle revient à la charge plus furieuse que jamais.

Chamfort.

Le plus grand malheur, après celui d'être convaincu d'un crime, est souvent d'avoir eu à s'en justifier. Tels arrêts nous déchargent et nous renvoient absous, qui sont infirmés par la voix du peuple.

La Bruyère.

La chose la plus importante de la vie, c'est le choix d'un métier. Le hasard en dispose. La coutume fait les maçons, les soldats, les couvreurs. C'est un excellent couvreur, dit-on; et en parlant des soldats : Ils sont bien fous, dit-on; et les autres, au contraire : Il n'y a de grand que la guerre; le reste des hommes sont des coquins. A force d'entendre ouïr louer en enfance ces métiers, et mépriser tous les autres, on choisit; car naturellement on aime la vertu et l'on hait l'imprudence. Ces mots nous émeuvent; on ne pèche que dans l'application; et la force de la coutume est si grande, que des pays entiers sont tous de maçons, d'autres tous de soldats. Sans doute que la nature n'est pas si uniforme. C'est donc la coutume qui fait cela et qui entraîne la nature. Mais quelquefois aussi la nature la surmonte, et retient l'homme dans son instinct, malgré toute la coutume, bonne ou mauvaise.

Pascal.

Quand les princes sortent de leurs misérables étiquettes, ce n'est jamais en faveur d'un homme de mérite, mais d'une fille ou d'un bouffon. Quand les femmes s'affichent, ce n'est presque jamais pour un honnête homme, c'est pour une *espèce*. En tout, lorsque l'on brise le joug de l'opinion, c'est rarement pour s'élever au-dessus, mais presque toujours pour descendre au-dessous.

Chamfort.

Voulez-vous qu'on dise du bien de vous ? N'en dites jamais.

Pascal.

## LA MODE

Il faut faire comme les autres : maxime suspecte, qui signifie presque toujours, il faut mal faire, dès qu'on l'étend au delà de ces choses purement extérieures qui n'ont point de suite, qui dépendent de l'usage, de la mode et des bienséances.

La Bruyère.

Un homme fat et ridicule porte un long chapeau, un pourpoint à ailerons, des chausses à aiguillettes et des bottines; il rêve la veille par où et comment il pourra se faire remarquer le jour qui suit. Un philosophe se laisse habiller par son tailleur. Il y a autant de faiblesse à fuir la mode qu'à l'affecter.

La Bruyère.

Le changement de modes est l'impôt que l'industrie du pauvre met sur la vanité du riche.

Chamfort.

L'on se donne à Paris, sans se parler, comme un rendez-vous public, mais fort exact, tous les soirs, au Cours ou aux Tuileries, pour se regarder au visage et se désapprouver les uns les autres. L'on ne peut se passer de ce même monde que l'on n'aime point et dont on se moque. L'on s'attend au passage réciproquement dans une promenade publique, l'on y passe en revue l'un devant l'autre : carrosse, chevaux, livrées, armoiries, rien n'échappe aux yeux, tout est curieusement ou malignement observé ; et, selon le plus ou le moins de l'équipage, ou l'on respecte les personnes, ou on les dédaigne.

La Bruyère.

Il y a des folies qui se prennent comme des maladies contagieuses.

La Rochefoucauld.

Une chose folle et qui découvre bien notre petitesse,

c'est l'assujettissement aux modes quand on l'étend à ce qui concerne le goût, le vivre, la santé et la conscience. La viande noire est hors de mode, et, par cette raison, insipide ; ce serait pécher contre la mode que de guérir de la fièvre par la saignée : de même on ne mourait plus depuis longtemps par Théotime ; ses tendres exhortations ne sauvaient plus que le peuple ; et Théotime a vu son successeur.

La Bruyère.

La curiosité n'est pas un goût pour ce qui est bon ou ce qui est beau, mais pour ce qui est rare, unique, pour ce qu'on a et ce que les autres n'ont point. Ce n'est pas un attachement à ce qui est parfait, mais à ce qui est couru, à ce qui est à la mode.

Ce n'est pas un amusement, mais une passion, et souvent si violente, qu'elle ne cède à l'amour et à l'ambition que par la petitesse de son objet. Ce n'est pas une passion qu'on a généralement pour les choses rares et qui ont cours, mais qu'on a seulement pour une certaine chose qui est rare et pourtant à la mode.

La Bruyère.

Il y a des hommes qui attendent à être dévots et religieux, que tout le monde se déclare impie et libertin : ce sera alors le parti du vulgaire, ils sauront s'en dégager. La singularité leur plaît dans une matière si sérieuse et si profonde; ils ne suivent la mode et le train commun que dans les choses de rien et de nulle suite : qui sait même s'ils n'ont pas déjà mis une sorte de bravoure et d'intrépidité à courir tout le risque de l'avenir ? Il ne faut pas d'ailleurs que dans une certaine condition, avec une certaine étendue d'esprit et de certaines vues, l'on songe à croire comme les savants et le peuple.

La Bruyère.

Souvent une opinion, une coutume commence à paraître absurde dans la première jeunesse, et en avançant dans la vie, on en trouve la raison ; elle paraît moins absurde. En faudrait-il conclure que de certaines coutumes sont moins ridicules? On serait porté à penser quelquefois qu'elles ont été établies par des gens qui avaient lu le livre entier de la vie, et qu'elles sont jugées par des gens qui, malgré leur esprit, n'en ont lu que quelques pages.

Chamfort.

## LA CONVERSATION

L'esprit de la conversation consiste bien moins à en montrer beaucoup qu'à en faire trouver aux autres; celui qui sort de votre entretien content de soi et de son esprit l'est de vous parfaitement. Les hommes n'aiment point à vous admirer, ils veulent plaire; ils cherchent moins à être instruits et même réjouis qu'à être goûtés et applaudis; et le plaisir le plus délicat est de faire celui d'autrui.

La Bruyère.

Les conversations ressemblent aux voyages qu'on fait sur l'eau; on s'écarte de la terre sans presque le sentir, et l'on ne s'aperçoit qu'on a quitté le bord que quand on est déjà bien loin.

Chamfort.

Les personnes enjouées que les objets frivoles intéressent paraissent plus vives dans le monde. Les bagatelles qui soutiennent la conversation étant leur passion dominante, elles excitent toute leur vivacité, leur fournissent une occasion continuelle de plaire. Ceux qui ont des passions plus sérieuses étant froids sur ces puérilités, toute la vivacité de leur esprit demeure concentrée.

Vauvenargues.

On parle peu quand la vanité ne fait pas parler.

La Rochefoucauld.

Dans ces lieux d'un concours général, où les femmes se rassemblent pour montrer une belle étoffe et pour recueillir le fruit de leur toilette, on ne se promène pas avec une compagne par la nécessité de la conversation; on se joint ensemble pour se rassurer sur le théâtre, s'apprivoiser avec le public et se raffermir contre la critique; c'est là précisément qu'on se parle sans se rien dire, ou plutôt qu'on parle pour les passants, pour ceux mêmes en faveur de qui l'on hausse sa voix, l'on gesticule et l'on badine, l'on penche négligemment la tête, l'on passe et l'on repasse.

La Bruyère.

On est d'ordinaire plus médisant par vanité que par malice.

La Rochefoucauld.

Une des choses qui font que l'on trouve si peu de gens qui paraissent raisonnables et agréables dans la conversation, c'est qu'il n'y a presque personne qui ne pense plutôt à ce qu'il veut dire qu'à répondre précisément à ce qu'on lui dit. Les plus habiles et les plus complaisants se contentent de montrer seulement une mine attentive, en même temps que l'on voit dans leurs yeux et dans leur esprit un égarement pour ce qu'on leur dit, et une précipitation pour retourner à ce qu'ils veulent dire ; au lieu de considérer que c'est un mauvais moyen de plaire aux autres ou de les persuader que de chercher si fort à se plaire à soi-même, et que bien écouter et bien répondre est une des plus grandes perfections qu'on puisse avoir dans la conversation.

La Rochefoucauld.

Cléon parle peu obligeamment ou peu juste, l'un ou l'autre ; mais il ajoute qu'il est fait ainsi, et qu'il dit ce qu'il pense.

La Bruyère.

C'est une grande misère que de n'avoir pas assez d'esprit pour bien parler, ni assez de jugement pour se taire. Voilà le principe de toute impertinence.

La Bruyère.

La paresse et la crainte de se compromettre ont introduit l'honnêteté dans la dispute.

Vauvenargues.

La curiosité n'est que vanité. Le plus souvent on ne veut savoir que pour en parler. On ne voyagerait pas sur mer pour ne jamais en rien dire, et pour le seul plaisir de voir, sans espérance de s'en entretenir jamais avec personne.

Pascal.

L'on se repent rarement de parler peu, très-souvent de trop parler ; maxime usée et triviale que tout le monde sait, et que tout le monde ne pratique pas.

La Bruyère.

La confiance fournit plus à la conversation que l'esprit.

La Rochefoucauld.

Toute révélation d'un secret est la faute de celui qui l'a confié.

La Bruyère.

Comment prétendons-nous qu'un autre garde notre secret, si nous ne pouvons le garder nous-mêmes ?

La Rochefoucauld.

On remarque qu'en général les gens silencieux en imposent, qu'on s'écoute devant eux, et qu'on leur donne beaucoup d'attention quand ils parlent.

J. J. Rousseau.

Ce qui se dit dans les cercles, dans les salons, dans les soupers, dans les assemblées publiques, dans les livres, même ceux qui ont pour objet de faire connaitre la société, tout cela est faux ou insuffisant. On peut dire sur cela le mot italien *per la predica,* ou le mot latin *ad populum phaleras.* Ce qui est vrai, ce qui est instructif, c'est ce que la conscience d'un honnête homme qui a beaucoup vu et bien vu, dit à son ami au coin du feu : quelques-unes de ces conversations-là m'ont plus instruit que tous les livres et le commerce ordinaire de la société. C'est qu'elles me mettaient mieux sur la voie, et me faisaient réfléchir davantage.

Chamfort.

## LA POLITESSE

Il me semble que l'esprit de politesse est une certaine attention à faire que, par nos paroles et par nos manières, les autres soient contents de nous et d'eux-mêmes.

La Bruyère.

La politesse n'inspire pas toujours la bonté, l'équité, la complaisance, la gratitude : elle en donne du moins les apparences, et fait paraître l'homme au dehors comme il devrait être intérieurement. L'on peut définir l'esprit de politesse, l'on ne peut en fixer la pratique : elle suit l'usage et les coutumes reçues ; elle est attachée aux temps, aux lieux, aux personnes, et n'est point la même dans les deux sexes, ni dans les différentes conditions : l'esprit tout seul ne la fait pas deviner, il fait qu'on la suit par imitation, et que l'on s'y perfectionne. Il y a des tempéraments qui ne sont susceptibles que de la politesse, et il y en a d'autres qui ne servent qu'aux grands talents, ou à une vertu solide. Il est vrai que les manières polies donnent cours au mérite, et le rendent agréable, et qu'il faut avoir de bien éminentes qualités pour se soutenir sans la politesse.

La Bruyère.

L'incivilité n'est pas un vice de l'âme, elle est l'effet de plusieurs vices, de la sotte vanité, de l'ignorance de ses devoirs, de la paresse, de la stupidité, de la distraction, du mépris des autres, de la jalousie : pour ne se répandre que sur les dehors, elle n'en est que plus haïssable, parce que c'est toujours un défaut visible et manifeste : il est vrai cependant qu'il offense plus ou moins selon la cause qui le produit.

La Bruyère.

La civilité est une partie de l'honnête.

JOUBERT.

L'ironie aimable est le sel de l'urbanité.

Madame DE CAYLUS.

Tout homme doit être poli, mais aussi il doit être libre.

MONTESQUIEU.

Il faut très-peu de fonds pour la politesse dans les manières ; il en faut beaucoup pour celle de l'esprit.

LA BRUYÈRE.

Il y a de petites règles, des devoirs, des bienséances attachées aux lieux, aux temps, aux personnes, qui ne se devinent point à force d'esprit, et que l'usage apprend sans nulle peine. Juger des hommes par les fautes qui leur échappent en ce genre, avant qu'ils soient assez instruits, c'est en juger par leurs ongles ou par la pointe de leurs cheveux, c'est vouloir un jour être détrompé.

LA BRUYÈRE.

Il y a un certain nombre de phrases toutes faites, que l'on prend comme dans un magasin, et dont l'on se sert pour se féliciter les uns les autres sur les événe-

ments. Bien qu'elles se disent souvent sans affection, et qu'elles soient reçues sans reconnaissance, il n'est pas permis avec cela de les omettre, parce que du moins elles sont l'image de ce qu'il y a au monde de meilleur, qui est l'amitié, et que les hommes, ne pouvant guère compter les uns sur les autres pour la réalité, semblent être convenus entre eux de se contenter des apparences.
La Bruyère.

Les hommes savent que les politesses qu'ils se font ne sont qu'une imitation de l'estime. Ils conviennent, en général, que les choses obligeantes qu'ils se disent ne sont pas le langage de la vérité, et dans les occasions particulières ils en sont les dupes. L'amour-propre persuade grossièrement à chacun que ce qu'il fait par décence, on le lui rend par justice.
Duclos.

C'est une faute contre la politesse que de louer immodérément, en présence de ceux que vous faites chanter ou toucher un instrument, quelque autre personne qui a ces mêmes talents : comme devant ceux qui vous lisent leurs vers, un autre poëte.
La Bruyère.

Il ne suffit pas de se tromper, il faut encore être poli.
Voltaire.

J'ay veu souvent des hommes incivils par trop de civilité, et importuns de courtoisie.
MONTAIGNE.

C'est par orgueil que nous sommes polis ; nous nous sentons flattés d'avoir des manières qui prouvent que nous ne sommes pas dans la bassesse, et que nous n'avons pas vécu avec cette sorte de gens, que l'on a abandonnés dans tous les âges.
MONTESQUIEU.

La civilité est un désir d'en recevoir, et d'être estimé poli.
LA ROCHEFOUCAULD.

Le plus malheureux effet de la politesse d'usage est d'enseigner l'art de se passer des vertus qu'elle imite.
DUCLOS.

L'on voit des gens brusques, inquiets, suffisants, qui, bien qu'oisifs et sans aucune affaire qui les appelle ailleurs, vous expédient, pour ainsi dire, en peu de paroles, et ne songent qu'à se dégager de vous : on leur parle encore qu'ils sont partis et ont disparu. Ils ne sont pas moins impertinents que ceux qui vous arrêtent seulement pour vous ennuyer, ils sont peut-être moins incommodes.
LA BRUYÈRE.

La politesse est la fleur de l'humanité. Qui n'est pas assez poli n'est pas assez humain.

JOUBERT.

Ne pouvoir supporter tous les mauvais caractères dont le monde est plein n'est pas un fort bon caractère : il faut, dans le commerce, des pièces d'or et de la monnaie.

LA BRUYÈRE.

Je n'ai pas été fâché de passer pour distrait ; cela m'a fait hasarder bien des négligences qui m'auraient embarrassé.

MONTESQUIEU.

---

## LE TACT

Le vrai honnête homme est celui qui ne se pique de rien.

LA ROCHEFOUCAULD.

Quand on veut plaire dans le monde, il faut se résoudre à se laisser apprendre beaucoup de choses qu'on sait, par des gens qui les ignorent.

CHAMFORT.

C'est le rôle d'un sot d'être importun : un homme habile sent s'il convient ou s'il ennuie ; il sait disparaître le moment qui précède celui où il serait de trop quelque part.

La Bruyère.

Il n'est pas libre à un homme qui vit dans le monde de n'être pas galant.

Vauvenargues.

Il n'y a rien qui rafraîchisse le sang comme d'avoir su éviter de faire une sottise.

La Bruyère.

L'homme de goût a reçu vingt blessures avant d'en faire une.

Rivarol.

Même dans les écarts, il y a des gens à qui tout va, parce qu'ils ont de la grâce et du tact.

Prince de Ligne.

Quand on veut reprendre avec utilité et montrer à un autre qu'il se trompe, il faut observer par quel côté il envisage la chose, car elle est vraie ordinairement de ce côté-là, et lui avouer cette vérité ; il se contente de cela, parce qu'il voit qu'il ne se trompait pas, et qu'il manquait seulement à voir tous les côtés. Or on n'a pas honte de ne pas tout voir, mais on ne veut pas s'être trompé; et peut-être que cela vient de ce que naturellement l'esprit ne se peut tromper dans le côté qu'il envisage, comme les appréhensions des sens sont toujours vraies.

PASCAL.

Dans les repas ou les fêtes que l'on donne aux autres, dans les présents qu'on leur fait et dans tous les plaisirs qu'on leur procure, il y a faire bien et faire selon leur goût : le dernier est préférable.

LA BRUYÈRE.

Il y a parler bien, parler aisément, parler juste, parler à propos : c'est pécher contre ce dernier genre que de s'étendre sur un repas magnifique que l'on vient de faire, devant des gens qui sont réduits à épargner leur pain, de dire merveilles de sa santé devant des infirmes, d'entretenir de ses richesses, de ses revenus et de ses ameublements, un homme qui n'a ni rentes ni domicile, en un mot de parler de son bonheur devant des misérables. Cette conversation est trop forte pour eux ; et la comparaison qu'ils font alors de leur état au vôtre est odieuse.

LA BRUYÈRE.

La plus sotte contenance d'un gentilhomme en sa

# LE TACT.

maison, c'est de le veoir empesché du train de sa police, parler à l'aureille d'un valet, en menacer un aultre des yeux ; elle doit couler insensiblement et representer un cours ordinaire : et trouve laid qu'on entretienne ses hostes du traictement qu'on leur faict, autant à l'excuser qu'à le vanter.

MONTAIGNE.

On n'est jamais si ridicule par les qualités que l'on a que par celles que l'on affecte d'avoir.

LA ROCHEFOUCAULD.

La fausse grandeur est farouche et inaccessible ; comme elle sent son faible, elle se cache, ou du moins ne se montre pas de front, elle ne se fait voir qu'autant qu'il faut pour imposer et ne paraître point ce qu'elle est, je veux dire une vraie petitesse. La véritable grandeur est libre, douce, familière, populaire. Elle se laisse toucher et manier, elle ne perd rien à être vue de près ; plus on la connaît, plus on l'admire. Elle se courbe par bonté vers ses inférieurs, et revient sans effort dans son naturel. Elle s'abandonne quelquefois, se néglige, se relâche de ses avantages, toujours en pouvoir de les reprendre et de les faire valoir ; elle rit, joue et badine, mais avec dignité. On l'approche tout ensemble avec liberté et avec retenue. Son caractère est noble et facile,

inspire le respect et la confiance, et fait que les princes nous paraissent grands et très-grands, sans nous faire sentir que nous sommes petits.
La Bruyère.

Jamais le monde n'est connu par les livres ; on l'a dit autrefois ; mais ce qu'on n'a pas dit, c'est la raison ; la voici : c'est que cette connaissance est un résultat de mille observations fines, dont l'amour-propre n'ose faire confidence à personne, pas même au meilleur ami. On craint de se montrer comme un homme occupé de petites choses, quoique ces petites choses soient très-importantes au succès des plus grandes affaires.
Chamfort.

---

## LA TIMIDITÉ

On n'est point effronté par choix, mais par complexion ; c'est un vice de l'être, mais naturel. Celui qui n'est pas né tel est modeste, et ne passe pas aisément de cette extrémité à l'autre ; c'est une leçon assez inutile que de lui dire : Soyez effronté, et vous réussirez ; une mauvaise imitation ne lui profiterait pas, et le ferait échouer. Il ne faut rien de moins dans les cours qu'une vraie et naïve impudence pour réussir.

La Bruyère.

Rien n'empêche tant d'être naturel que l'envie de le paraître.

La Rochefoucauld.

Pendant que la paresse et la timidité nous retiennent dans notre devoir, notre vertu en a souvent tout l'honneur.

La Rochefoucauld.

On sait gré de la timidité : elle donne à deviner et n'inspire pas de méfiance.

Madame de Monnier.

Les êtres qui paraissent froids et qui ne sont que timides adorent dès qu'ils osent aimer.

Madame Swetchine.

Les âmes très-tendres ont besoin de la facilité chez une femme pour encourager la cristallisation.

Stendhal.

La confiance de plaire est souvent un moyen de plaire infailliblement.

La Rochefoucauld.

Il ne faut pas s'y méprendre; le désir de plaire, qui tient tant à l'amour-propre et au témoignage que l'on se rend à soi-même, fait qu'on ne veut pas manquer son coup.

Le président Hénault.

Il y a, à la vérité, telle action si blâmable, que l'interprétation ne saurait en être équivoque. Un homme d'un caractère leste trouve encore le secret de n'être pas déshonoré, s'il a le courage d'être le premier à la publier, et de plaisanter ceux qui seraient tentés de le blâmer. On n'ose plus la lui reprocher, quand on le voit en faire gloire. L'audace fait sa justification, et le reproche qu'on lui ferait serait un ridicule auquel on n'ose s'exposer. On commence alors à douter qu'il ait tort; on craint de l'avoir. Dans la façon commune de penser, prévoir une objection, c'est la réfuter sans être obligé d'y répondre; dans les mœurs, prévenir un reproche, c'est le détruire.

Duclos.

L'homme le plus modeste, en vivant dans le monde, doit, s'il est pauvre, avoir un maintien très-assuré et une certaine aisance qui empêchent qu'on ne prenne quelque avantage sur lui. Il faut, dans ce cas, parer sa modestie de sa fierté.

Chamfort.

# LA TIMIDITÉ.

Je tiens qu'il fault estre prudent à estimer de soy, et pareillement conscientieux à en temoigner, soit bas, soit hault, indifferemment. Si je me semblois bon et sage tout à faict, je l'entonnerois à pleine teste. De dire moins de soy qu'il n'y en a, c'est sottise, non modestie : se payer de moins qu'on ne vault, c'est lascheté et pusillanimité, selon Aristote.

Montaigne.

La confiance que l'on a en soi fait naître la plus grande partie de celle que l'on a aux autres.

La Rochefoucauld.

La pudeur sied bien à tout le monde; mais il faut savoir la vaincre, et jamais la perdre.

Montesquieu.

Il coûte à un homme de mérite de faire assidûment sa cour, mais par une raison bien opposée à celle que l'on pourrait croire. Il n'est point tel sans une grande modestie, qui l'éloigne de penser qu'il fasse le moindre plaisir aux princes, s'il se trouve sur leur passage, se poste devant leurs yeux et leur montre son visage. Il est plus proche de se persuader qu'il les importune, et il a besoin de toutes les raisons tirées de l'usage et de son devoir pour se résoudre à se montrer. Celui au contraire qui a bonne opinion de soi, et que le vulgaire appelle un glorieux, a du goût à se faire voir, et il fait sa cour avec d'autant plus de confiance, qu'il est incapable de s'imaginer que les grands dont il est vu pensent autrement de sa personne, qu'il fait lui-même.

La Bruyère.

## LA SINCÉRITÉ

Il ne fault pas tousjours dire tout; car ce seroit sottise ; mais ce qu'on dict, il fault qu'il soit tel qu'on le pense; aultrement, c'est meschanceté.

Montaigne.

La naifveté et la verité pure, en quelque siecle que ce soit, treuvent encore leur opportunité et leur mise.

Montaigne.

Les esprits simples et sincères ne se trompent jamais qu'à demi.

Joubert.

La sincérité est une ouverture de cœur. On la trouve

en fort peu de gens ; et celle que l'on voit d'ordinaire n'est qu'une fine dissimulation pour attirer la confiance des autres.

La Rochefoucauld.

Nous avouons nos défauts pour réparer par notre sincérité le tort qu'ils nous font dans l'esprit des autres.

La Rochefoucauld.

On veut quelquefois cacher ses faibles, ou en diminuer l'opinion par l'aveu libre que l'on en fait. Tel dit : Je suis ignorant, qui ne sait rien ; un homme dit : Je suis vieux, il passe soixante ans ; un autre encore : Je ne suis pas riche, et il est pauvre.

La Bruyère.

Nous n'avouons de petits défauts que pour persuader que nous n'en avons pas de grands.

La Rochefoucauld.

Dans les grandes choses, les hommes se montrent comme il leur convient de se montrer : dans les petites, ils se montrent comme ils sont.

Chamfort.

L'envie de parler de nous et de faire voir nos défauts

du côté que nous voulons bien les montrer, fait une grande partie de notre sincérité.

La Rochefoucauld.

Rien n'est moins sincère que la manière de demander et de donner des conseils. Celui qui en demande paraît avoir une déférence respectueuse pour les sentiments de son ami, bien qu'il ne pense qu'à lui faire approuver les siens, et à le rendre garant de sa conduite; et celui qui conseille paye la confiance qu'on lui témoigne d'un zèle ardent et désintéressé, quoiqu'il ne cherche le plus souvent, dans les conseils qu'il donne, que son propre intérêt ou sa gloire.

La Rochefoucauld.

La simplicité affectée est une imposture délicate.

La Rochefoucauld.

C'est une pure hypocrisie à un homme d'une certaine élévation, de ne pas prendre d'abord le rang qui lui est dû, et que tout le monde lui cède. Il ne lui coûte rien d'être modeste, de se mêler dans la multitude qui va s'ouvrir pour lui, de prendre dans une assemblée une dernière place, afin que tous l'y voient et s'empressent de l'en ôter. La modestie est d'une pratique plus amère aux hommes d'une condition ordinaire; s'ils se jettent dans la foule, on les écrase; s'ils choisissent un poste incommode, il leur demeure.

La Bruyère.

Il y a une fausse modestie qui est vanité; une fausse gloire qui est légèreté; une fausse grandeur qui est petitesse; une fausse vertu qui est hypocrisie; une fausse sagesse qui est pruderie.

La Bruyère.

Celui qui dit incessamment qu'il a de l'honneur et de la probité, qu'il ne nuit à personne, qu'il consent que le mal qu'il fait aux autres lui arrive, et qui jure pour le faire croire, ne sait pas même contrefaire l'homme de bien.

La Bruyère.

Dans toutes les professions, chacun affecte une mine et un extérieur pour paraître ce qu'il veut qu'on le croie. Ainsi on peut dire que le monde n'est composé que de mines.

La Rochefoucauld.

L'affectation dans le geste, dans le parler et dans les manières, est souvent une suite de l'oisiveté ou de l'indifférence; et il semble qu'un grand attachement ou de sérieuses affaires jettent l'homme dans son naturel.

La Bruyère.

Il n'y a que l'affectation d'être ce qu'on n'est pas qui est insoutenable et choquant.

COLLÉ.

Il n'y a personne qui ait plus d'ennemis dans le monde qu'un homme droit, fier et sensible, disposé à laisser les personnes et les choses pour ce qu'elles sont, plutôt qu'à les prendre pour ce qu'elles ne sont pas.

CHAMFORT.

Eusses-tu la main pleine de vérités, il faudrait y regarder longtemps avant de l'ouvrir.

FONTENELLE.

Une vérité cruelle, mais dont il faut convenir, c'est que dans le monde, et surtout dans le monde choisi, tout est art, science, calcul, même l'apparence de la simplicité, de la facilité la plus aimable. J'ai vu des hommes dans lesquels ce qui paraissait la grâce d'un premier mouvement, était une combinaison, à la vérité très-prompte, mais très-fine et très-savante. J'en ai vu associer le calcul le plus réfléchi à la naïveté apparente de l'abandon le plus étourdi. C'est le négligé savant d'une coquette, d'où l'art a banni tout ce qui ressemble à l'art. Cela est fâcheux, mais nécessaire. En général, malheur à l'homme qui, même dans l'amitié la plus intime, laisse découvrir son faible et sa prise! J'ai vu les plus intimes amis faire des blessures à l'amour-propre de ceux dont ils avaient surpris le secret. Il paraît impossible que, dans l'état actuel de la société (je parle de la société du grand monde), il y ait un seul homme qui puisse montrer le fond de son âme et les détails de son caractère, et surtout de ses faiblesses à son meilleur ami. Mais encore une fois, il faut porter (dans ce monde-là) le raffinement si loin, qu'il ne puisse pas même y être suspect, ne fût-ce que pour ne pas être méprisé comme acteur dans une troupe d'excellents comédiens.

Chamfort.

Quoique les personnes n'aient point d'intérêt à ce qu'ils disent, il ne faut pas conclure de là absolument qu'ils ne mentent point; car il y a des gens qui mentent simplement pour mentir.

Pascal.

L'homme est né menteur; la vérité est simple et ingénue, et il veut du spécieux et de l'ornement; elle n'est pas à lui, elle vient du ciel toute faite, pour ainsi dire, et dans toute sa perfection, et l'homme n'aime que son propre ouvrage, la fiction et la fable. Voyez le peuple, il controuve, il augmente, il charge par grossièreté et par sottise ; demandez même au plus honnête homme s'il est toujours vrai dans ses discours, s'il ne se surprend pas quelquefois dans des déguisements où engagent nécessairement la vanité et la légèreté, si, pour faire un meilleur conte, il ne lui échappe pas souvent d'ajouter à un fait qu'il récite une circonstance qui y manque. Une chose arrive aujourd'hui, et presque sous nos yeux ; cent personnes qui l'ont vue la racontent en cent façons différentes : celui-ci, s'il est écouté, la dira encore d'une manière qui n'a pas été dite.

La Bruyère.

Le mensonge n'est bon à rien, puisqu'il ne trompe qu'une fois.

Napoléon Ier.

La menterie, et, un peu au-dessoubs, l'opiniastreté, me semblent estre celles desquelles on debvroit à toute instance combattre la naissance et le progrez : elles croissent quand et eulx : et depuis qu'on a donné ce fauls train à la langue, c'est merveille combien il est impossible de l'en retirer : par où il advient que nous veoyons des honnestes hommes d'ailleurs y estre subjects et asservis.

Montaigne.

# LA FLATTERIE.

L'aversion du mensonge est souvent une imperceptible ambition de rendre nos témoignages considérables, et d'attirer à nos paroles un respect de religion.

La Rochefoucauld.

Nous nous flattons sottement de persuader aux autres ce que nous ne pensons pas nous-mêmes.

Vauvenargues.

Il faut convenir qu'il est impossible de vivre dans le monde, sans jouer de temps en temps la comédie. Ce qui distingue l'honnête homme du fripon, c'est de ne la jouer que dans les cas forcés, et pour échapper au péril ; au lieu que l'autre va au-devant des occasions.

Chamfort.

---

# LA FLATTERIE

Si les hommes ne se flattaient pas les uns les autres, il n'y aurait guère de société.

Vauvenargues.

La flatterie est une fausse monnaie qui n'a de cours que par notre vanité.

La Rochefoucauld.

Nous aimons quelquefois jusqu'aux louanges que nous ne croyons pas sincères.

Vauvenargues.

L'adulation même dont l'excès se fait sentir produit encore son effet. *Je sais que tu me flattes,* disait quelqu'un, *mais tu ne m'en plais pas moins.*

Duclos.

On n'aime point à louer et on ne loue jamais personne sans intérêt. La louange est une flatterie habile, cachée et délicate, qui satisfait différemment celui qui la donne et celui qui la reçoit : l'un la prend comme une récompense de son mérite, l'autre la donne pour faire remarquer son équité et son discernement.

La Rochefoucauld.

Le flatteur n'a pas assez bonne opinion de soi ni des autres.

La Bruyère.

La plus dangereuse des flatteries est l'infériorité de ce qui nous entoure.

Madame Swetchine.

Un flatteur est un esclave qui n'est bon pour aucun maître.
MONTESQUIEU.

Dire également du bien de tout le monde est une petite et une mauvaise politique.
VAUVENARGUES.

Nous choisissons souvent des louanges empoisonnées, qui font voir par contre-coup en ceux que nous louons des défauts que nous n'osons découvrir d'une autre sorte.
LA ROCHEFOUCAULD.

Les hommes véritablement louables sont sensibles à l'estime et déconcertés par les louanges ; le mérite a sa pudeur comme la chasteté : tel se donne naïvement un éloge, qui ne le recevrait pas d'un autre sans rougir ou sans embarras.
DUCLOS.

La flatterie, ou plutôt la condescendance n'est pas toujours un vice, elle est plus souvent une vertu, surtout dans les jeunes gens. La bonté avec laquelle un homme nous traite nous attache à lui ; ce n'est pas pour l'abuser qu'on lui cède, c'est pour ne pas l'attrister, pour ne pas lui rendre le mal pour le bien.
J. J. ROUSSEAU.

C'est en quelque sorte se donner part aux belles actions, que de les louer de bon cœur.

La Rochefoucauld.

Voulez-vous avoir la paix avec les hommes, ne leur contestez pas les qualités dont ils se piquent; ce sont celles qu'ils mettent ordinairement au plus haut prix; c'est un point capital pour eux.

Vauvenargues.

## LA FINESSE

L'usage ordinaire de la finesse est la marque d'un petit esprit, et il arrive presque toujours que celui qui s'en sert pour se couvrir en un endroit se découvre en un autre.

La Rochefoucauld.

Le vrai moyen d'être trompé, c'est de se croire plus fin que les autres.

La Rochefoucauld.

On peut être plus fin qu'un autre, mais non pas plus fin que tous les autres.

La Rochefoucauld.

# LA FINESSE.

C'est avoir fait un grand pas dans la finesse que de faire penser de soi que l'on n'est que médiocrement fin.

La Bruyère.

On aime à deviner les autres, mais on n'aime pas à être deviné.

La Rochefoucauld.

Ce qui nous donne tant d'aigreur contre ceux qui nous font des finesses, c'est qu'ils croient être plus habiles que nous.

La Rochefoucauld.

Les finesses et les trahisons ne viennent que de manque d'habileté.

La Rochefoucauld.

Ce qui fait que les gens du monde sont à la fois médiocres et fins, c'est qu'ils s'occupent beaucoup des personnes et fort peu des choses : c'est le contraire dans les hommes d'un ordre plus élevé.

Rivarol.

## L'ENVIE

On fait souvent vanité des passions, même les plus criminelles; mais l'envie est une passion timide et honteuse, que l'on n'ose jamais avouer.

La Rochefoucauld.

L'envie est plus irréconciliable que la haine.

La Rochefoucauld.

L'envie est détruite par la véritable amitié, et la coquetterie par le véritable amour.

La Rochefoucauld.

L'homme qui dit qu'il n'est pas né heureux, pourrait du moins le devenir par le bonheur de ses amis ou de ses proches. L'envie lui ôte cette dernière ressource.

La Bruyère.

Je conseillerais à quelqu'un qui veut obtenir une grâce d'un ministre, de l'aborder d'un air triste, plutôt que d'un air riant. On n'aime pas à voir plus heureux que soi.

Chamfort.

# L'ENVIE.

L'envie qui parle et qui crie est toujours maladroite ; c'est l'envie qui se tait qu'on doit craindre.

RIVAROL.

Il est peu, très-peu d'hommes, qui se réjouissent franchement du succès de celui qui court la même carrière ; c'est un des phénomènes les plus rares de la nature.

DIDEROT.

L'approbation que l'on donne à ceux qui entrent dans le monde vient souvent de l'envie secrète que l'on porte à ceux qui y sont établis.

LA ROCHEFOUCAULD.

Partout où je trouve l'envie, je me fais un plaisir de la désespérer ; je loue toujours devant un envieux ceux qui le font pâlir.

MONTESQUIEU.

La plus véritable marque d'être né avec de grandes qualités, c'est d'être né sans envie.

LA ROCHEFOUCAULD.

## LE MÉPRIS

Nous avons une si grande idée de l'âme de l'homme, que nous ne pouvons souffrir d'en être méprisés, de n'être pas dans l'estime d'une âme. Et toute la félicité des hommes consiste dans cette estime.
Pascal.

Il n'y a que ceux qui sont méprisables qui craignent d'être méprisés.
La Rochefoucauld.

On ne méprise pas tous ceux qui ont des vices; mais on méprise tous ceux qui n'ont aucune vertu.
La Rochefoucauld.

Ceux qui méprisent l'homme ne sont pas de grands hommes.
Vauvenargues.

Il faut être plus qu'un homme pour ne pas mépriser l'homme.
Sainte-Beuve.

Le mépris tient quelquefois lieu de liberté.
Chateaubriand.

# LE MÉPRIS.

La moquerie est de toutes les injures celle qui se pardonne le moins; elle est le langage du mépris, et l'une des manières dont il se fait le mieux entendre : elle attaque l'homme dans son dernier retranchement, qui est l'opinion qu'il a de soi-même : elle veut le rendre ridicule à ses propres yeux; et ainsi elle le convainc de la plus mauvaise disposition où l'on puisse être pour lui, et le rend irréconciliable.

LA BRUYÈRE.

La raillerie naît d'un mépris content.

VAUVENARGUES.

Le mépris doit être le plus mystérieux de tous nos sentiments.

RIVAROL.

Ce qui m'a toujours beaucoup nui, c'est que j'ai toujours méprisé ceux que je n'estimais pas.

MONTESQUIEU.

Il faut tâcher, autant qu'on peut, de ne mépriser personne.

JOUBERT.

Il y a des moments où le monde paraît s'apprécier lui-même ce qu'il vaut. J'ai souvent démêlé qu'il estimait ceux qui n'en faisaient aucun cas : et il arrive souvent que c'est une recommandation auprès de lui, que de le mépriser souverainement, pourvu que ce mépris soit vrai, sincère, naïf, sans affectation, sans jactance.

Chamfort.

La meilleure philosophie, relativement au monde, est d'allier à son égard le sarcasme de la gaieté avec l'indulgence du mépris.

Chamfort.

---

# L'ENNUI

L'ennui est entré dans le monde par la paresse ; elle a beaucoup de part dans la recherche que font les hommes des plaisirs, du jeu, de la société. Celui qui aime le travail a assez de soi-même.

La Bruyère.

De tous les hommes du monde, les sauvages sont les moins curieux et les moins ennuyés : tout leur est

indifférent; ils ne jouissent pas des choses, mais d'eux;
ils passent leur vie à ne rien faire, et ne s'ennuient
jamais.

J. J. Rousseau.

Le sage quelquefois évite le monde de peur d'être
ennuyé.

J. J. Rousseau.

Quand on ne sait pas s'entretenir et s'amuser soi-
même, on veut entretenir et amuser les autres.

Vauvenargues.

Nous nous vantons souvent de ne nous point ennuyer,
nous sommes si glorieux que nous ne voulons pas nous
trouver en mauvaise compagnie.

La Rochefoucauld.

Nous pardonnons souvent à ceux qui nous ennuient;
mais nous ne pouvons pardonner à ceux que nous
ennuyons.

La Rochefoucauld.

Le degré où l'ennui prend est l'indice le plus direct
peut-être de la qualité de l'esprit. Ceux qui s'ennuient
vite sont délicats, mais légers; ceux qui ne s'ennuient
pas aisément sont vite ennuyeux. Ceux pour qui l'ennui

est un charme sont amoureux ou poëtes : la rêverie du poëte, c'est l'ennui enchanté.
Sainte-Beuve.

On croit communément que l'art de plaire est un grand moyen de faire fortune : savoir s'ennuyer est un art qui réussit bien davantage. Le talent de faire fortune, comme celui de réussir auprès des femmes, se réduit presque à cet art-là.
Chamfort.

J'ai souvent pensé que c'était par le cœur qu'on ne s'ennuyait jamais, les deux héros de l'ennui, M. de Chateaubriand et Benjamin Constant, m'ayant mise sur la voie de la vérité, en démontrant bien que ce n'est pas l'esprit qui sauve d'un tel mal.
Madame Swetchine.

L'ennui est la source de tous les écarts.
Madame de Créqui.

Si on examine bien les divers effets de l'ennui, on trouvera qu'il fait manquer à plus de devoirs que l'intérêt.
La Rochefoucauld.

Quand on se propose un but, le temps, au lieu d'augmenter, diminue.
Rivarol.

# L'ÉTAT

L'empire fondé sur l'opinion et l'imagination règne quelque temps, et cet empire est doux et volontaire. Celui de la force règne toujours; aussi l'opinion est comme la reine du monde, mais la force en est le tyran.

Pascal.

La force est la reine du monde, et non pas l'opinion; mais l'opinion est celle qui use de la force.

Pascal.

Point de liberté, si une volonté forte et puissante n'assure l'ordre convenu.

Joubert.

L'anarchie ramène toujours au pouvoir absolu.

Napoléon I er.

Dans tout État, les villes frontières ont moins de liberté que les villes de l'intérieur, tant la sûreté est avant la liberté.

Rivarol.

Pour règle générale, toutes les fois qu'on voit tout le monde tranquille dans un État qui se donne le nom de république, on peut être assuré que la liberté n'y est pas.

Montesquieu.

Sans discuter les avantages réciproques du gouvernement républicain et du monarchique, la morale établit seulement que la meilleure république est celle qui, par la stabilité des lois et l'uniformité du gouvernement, ressemble le mieux à une bonne monarchie, et que la meilleure monarchie est celle où le pouvoir n'est pas plus arbitraire que dans la république.

D'Alembert.

La servitude abaisse les hommes jusqu'à s'en faire aimer.

Vauvenargues.

Il faut permettre aux hommes de faire de grandes

fautes contre eux-mêmes, pour éviter un plus grand mal, la servitude.

VAUVENARGUES.

Les hommes sont tous égaux dans le gouvernement républicain, ils sont égaux dans le gouvernement despotique : dans le premier cas, c'est parce qu'ils sont tout ; dans le second cas, c'est parce qu'ils ne sont rien.

MONTESQUIEU.

Il n'y a point de patrie dans le gouvernement despotique ; d'autres choses y suppléent : l'intérêt, la gloire, le service du prince.

LA BRUYÈRE.

Quand les sauvages de la Louisiane veulent avoir du fruit, ils coupent l'arbre au pied et cueillent le fruit. Voilà le gouvernement despotique.

MONTESQUIEU.

Ce qui me dégoûte de l'histoire, c'est de penser que ce que je vois aujourd'hui sera de l'histoire un jour.

Madame DU DEFFAND.

## LA JUSTICE

Le droit est le souverain du monde.

Mirabeau.

Epicurus disait, des loix, que les pires nous estoient si necessaires que, sans elles, les hommes s'entremangeroient les uns les aultres ; et Platon verifie que, sans loix, nous vivrions comme bestes.

Montaigne.

Il n'est d'aussi sûr garant contre soi-même et contre autrui que les lois.

Sainte-Beuve.

Il ne fault pas laisser au jugement de chascun la cognoissance de son debvoir ; il le lui fault prescrire, non pas le laisser choisir à son discours : aultrement, selon l'imbecillité et varieté infinie de nos raisons et opinions, nous nous forgerions enfin des debvoirs qui nous mettroient à nous manger les uns les aultres, comme dict Epicurus.

Montaigne.

Pourquoi révéler au monde des vérités purement spéculatives? Ceux qui n'en abuseront pas sont ceux qui les connaissent comme vous, et ceux qui n'ont jamais su les tirer de leur propre sein ne les comprendront pas et en abuseront toujours.

Rivarol.

Les loix se maintiennent en credit, non parce qu'elles sont justes, mais parce qu'elles sont loix : c'est le fondement mystique de leur auctorité, elles n'en ont point d'aultre... Quiconque leur obeït parce qu'elles sont justes, ne leur obeït pas justement par où il doibt.

Montaigne.

Il est dangereux de dire au peuple que les lois ne sont pas justes, car il n'obéit qu'à cause qu'il les croit justes. C'est pourquoi il lui faut dire en même temps qu'il y faut obéir, parce qu'elles sont lois, comme il faut obéir aux supérieurs, non parce qu'ils sont justes, mais parce qu'ils sont supérieurs. Par là toute sédition est prévenue, si on peut faire entendre cela. Voilà tout ce que c'est proprement que la définition de la justice.

Pascal.

Un des plus sûrs moyens de tuer un arbre est de le déchausser et d'en faire voir les racines. Il en est de même des institutions ; celles qu'on veut conserver, il ne faut pas trop en désenterrer l'origine. Tout commencement est petit.

JOUBERT.

Interrogeons l'histoire ; elle est la physique expérimentale de la législation.

PORTALIS.

La justice n'est le plus souvent qu'une vive appréhension qu'on ne nous ôte ce qui nous appartient ; de là vient cette considération et ce respect pour tous les intérêts du prochain, et cette scrupuleuse application à ne lui faire aucun préjudice. Cette crainte retient l'homme dans les bornes des biens que la naissance ou la fortune lui ont donnés ; et sans cette crainte, il ferait des courses continuelles sur les autres.

LA ROCHEFOUCAULD.

L'amour de la justice n'est, en la plupart des hommes, que la crainte de l'injustice.

LA ROCHEFOUCAULD.

Le premier sentiment de la justice ne nous vient pas de celle que nous devons, mais de celle qui nous est due.

J. J. ROUSSEAU.

# LA JUSTICE.

C'est être injuste d'exiger des autres qu'ils fassent pour nous ce qu'ils ne veulent pas faire pour eux-mêmes.

VAUVENARGUES.

Une injustice faite à un seul est une menace faite à tous.

MONTESQUIEU.

Il y a peu de lois qui ne soient bonnes, lorsque l'État n'a point perdu ses principes; et, comme disait Épicure en parlant des richesses, ce n'est point la liqueur qui est corrompue, c'est le vase.

MONTESQUIEU.

Les meilleures lois naissent des usages.

JOUBERT.

Les lois inutiles affaiblissent les lois nécessaires.

MONTESQUIEU.

On demandoit à Solon s'il avoit estably les meilleures loix qu'il avoit peu aux Athéniens: « Ouy bien, respondit-il, de celles qu'ils eussent receues. »

MONTAIGNE.

Quand je vais dans un pays, je n'examine pas s'il y a de bonnes lois, mais si on exécute celles qui y sont ; car il y a de bonnes lois partout.

Montesquieu.

On ne peut être juste si on n'est humain.

Vauvenargues.

L'indulgence est une partie de la justice.

Joubert.

Souvenez-vous que rien n'est plus humain, plus indulgent, plus doux que la sévère inflexibilité des lois justes ; que rien n'est plus cruel, plus impitoyable que la clémence pour le crime ; qu'il n'est point d'autre liberté que l'asservissement aux lois.

André Chénier.

Les choses que l'honneur défend sont plus rigoureusement défendues, lorsque les lois ne concourent pas à les proscrire, et celles qu'il exige sont plus fortement exigées, lorsque les lois ne les demandent pas.

Montesquieu.

Les peuples les plus sauvages sont ceux parmi lesquels il se commet le plus de crimes : l'enfance d'une nation n'est pas son âge d'innocence. C'est l'excès du désordre qui donne la première idée des lois : on les doit au besoin, souvent au crime, rarement à la prévoyance.

Duclos.

On ne voit presque rien de juste ou d'injuste qui ne change de qualité en changeant de climat. Trois degrés d'élévation du pôle renversent toute la jurisprudence. Un méridien décide de la vérité. Les lois fondamentales changent. Le droit a ses époques. Plaisante justice qu'une rivière ou une montagne borne ! Vérité au deçà des Pyrénées, erreur au delà.

Pascal.

En histoire, le droit dont on a mésusé cesse, à une certaine heure, d'être le droit.

Sainte-Beuve.

Avant d'attaquer un abus, il faut voir si on en peut ruiner les fondements.

Vauvenargues.

Presque tout ce que nous appelons un abus fut un remède dans les institutions politiques.

Joubert.

## LE GOUVERNEMENT

Il faut persuader à la masse humaine qu'elle vaut mieux qu'elle ne vaut, si l'on veut obtenir tout le bien dont elle est capable.

Napoléon I<sup>er</sup>.

Après tout, un bon gouvernement n'est que la garantie des intérêts.

Sainte-Beuve.

La meilleure constitution est celle qu'on a, pourvu qu'on sache s'en servir.

Daunou.

Les constitutions ne sont pas des tentes dressées pour le sommeil.

Royer-Collard.

Les constitutions ont été, sont et ne sauraient être que filles du temps.

Joubert.

Il y a peu de règles générales et de mesures certaines pour bien gouverner ; l'on suit le temps et les con-

# LE GOUVERNEMENT.

jonctures, et cela roule sur la prudence et sur les vues de ceux qui règnent. Aussi le chef-d'œuvre de l'esprit, c'est le parfait gouvernement; et ce ne serait peut-être pas une chose possible si les peuples, par l'habitude où ils sont de la dépendance et de la soumission, ne faisaient la moitié de l'ouvrage.

La Bruyère.

Ceux qui gouvernent sont rarement touchés d'une utilité éloignée, quand l'avantage futur est balancé par les difficultés présentes.

Voltaire.

La patience persévérante et la fermeté pratique de chaque jour sont les qualités nécessaires aux hommes de gouvernement.

Sainte-Beuve.

Un gouvernement serait parfait s'il pouvait mettre autant de raison dans la force que de force dans la raison.

Rivarol.

On ne gouverne pas une nation éclairée avec des demi-mesures; il faut de la force, de la suite et de l'unité dans tous les actes publics.

Napoléon I<sup>er</sup>.

# L'ÉTAT.

Le terme de l'habileté est de gouverner sans la force.

Vauvenargues.

L'obeissance n'est jamais pure ny tranquille en celuy qui raisonne et qui plaide.

Montaigne.

Le caractère des Français demande du sérieux dans le souverain.

La Bruyère.

Il n'y a pas de nation qui murmure plus que le Français, qui obéisse mieux et qui oublie plus vite.

Voltaire.

On gouverne les hommes avec la tête : on ne joue pas aux échecs avec un bon cœur.

Chamfort.

S'il est vrai qu'on ne peut anéantir le vice, la science de ceux qui gouvernent est de le faire concourir au bien public.

Vauvenargues.

La sottise, la folie et les vices sont partout une partie du revenu public.

Voltaire.

A mesure que les superstitions diminuent chez un peuple, le gouvernement doit augmenter de précautions, et resserrer l'autorité et la discipline.

RIVAROL.

C'est une très-grande calamité publique qu'un bon homme à une place et dans une époque qui exigerait un grand homme.

Joseph DE MAISTRE.

L'homme d'État sans caractère est plus redoutable que le méchant. On dit qu'il est zéro ; oui, mais il est zéro, plus tous les méchants qui l'environnent et le gouvernent.

RIVAROL.

La postérité serait trompée, si elle jugeait par la grandeur des événements la grandeur des hommes qui y ont participé.

BERNIS.

Somme toute, il n'y a que les hommes fortement passionnés capables d'aller au grand ; il n'y a qu'eux capables de mériter la reconnaissance publique.

MIRABEAU.

Quelques-uns des talents qui font la renommée des hommes d'État seraient inutiles, et quelquefois dangereux dans la vie privée. Tel a été un héros, qui, s'il fût né dans l'obscurité, n'eût été qu'un brigand, et, au lieu d'un triomphe, n'eût mérité qu'un supplice.

Duclos.

J'ai remarqué que ceux qui aiment le bien public, qui affectionnent la cause commune et s'en occupent sans ambition, ont beaucoup de liaisons et peu d'amis. Un homme qui est bon citoyen activement n'est pas ordinairement fait pour l'amitié ni pour l'amour. Ce n'est pas uniquement parce que son esprit est trop occupé d'ailleurs; c'est que nous n'avons qu'une portion déterminée de sensibilité, qui ne se répartit point sans que les portions diminuent. Le feu de notre âme est en cela bien différent de la flamme matérielle, dont l'augmentation et la propagation dépendent de la quantité de son aliment.

Duclos.

Les grandes places instruisent promptement les grands esprits.

Vauvenargues.

L'expérience, qui éclaire les particuliers, corrompt les princes et les gens en place.

Chamfort.

Il semble que les têtes des plus grands hommes s'étrécissent lorsqu'elles sont assemblées, et que là où il y a plus de sages, il y a aussi moins de sagesse.

Montesquieu.

Plus il y a d'hommes ensemble, plus ils sont vains et sentent naître en eux l'envie de se signaler par de petites choses.

Montesquieu.

Les passions sont les orateurs des grandes assemblées.

Rivarol.

C'est l'effet de ce qui est honnête de ne laisser à une grande assemblée qu'une pensée et qu'une âme.

Diderot.

Un corps vaut mieux qu'une assemblée, parce qu'il est moins pressé d'agir, de constater son existence, et que, lorsqu'il s'égare et qu'il se trompe, il a le temps de se reconnaître et de s'amender.

Joubert.

Une des raisons pour lesquelles les corps et les assemblées ne peuvent guère faire autre chose que des sottises, c'est que, dans une délibération publique, la meilleure chose qu'il y ait à dire pour ou contre l'affaire ou la personne dont il s'agit ne peut presque jamais se dire tout haut, sans de grands dangers ou d'extrêmes inconvénients.

Chamfort.

La multitude aime la multitude ou la pluralité dans le gouvernement. Les sages y aiment l'unité.

Joubert.

Rien n'est plus peuple que les compagnies.

Cardinal de Retz.

Il est plus facile de paraître digne des emplois qu'on n'a pas que de ceux qu'on exerce.

La Rochefoucauld.

Un homme qui vient d'être placé ne se sert plus de sa raison et de son esprit pour régler sa conduite et ses dehors à l'égard des autres. Il emprunte sa règle de son poste et de son état ; de là l'oubli, la fierté, l'arrogance, la dureté, l'ingratitude.

La Bruyère.

Nous pouvons paraître grands dans un emploi au-dessous de notre mérite ; mais nous paraissons souvent petits dans un emploi plus grand que nous.

La Rochefoucauld.

Que d'amis, que de parents naissent en une nuit au nouveau ministre! Les uns font valoir leurs anciennes liaisons, leur société d'études, les droits du voisinage. Les autres feuillettent leur généalogie, remontent jusqu'à un trisaïeul, rappellent le côté paternel et le côté maternel ; l'on veut tenir à cet homme par quelque endroit, et l'on dit plusieurs fois le jour que l'on y tient ; on l'imprimerait volontiers : « C'est mon ami, et je suis fort aise de son élévation ; j'y dois prendre part, il m'est assez proche. »

La Bruyère.

Quand les sots sortent de place, soit qu'ils aient été ministres ou premiers commis, ils conservent une morgue ou une importance ridicule.

Chamfort.

Il se trouve des hommes qui soutiennent facilement le poids de la faveur et de l'autorité, qui se familiarisent avec leur propre grandeur, et à qui la tête ne tourne point dans les postes les plus élevés. Ceux au contraire que la fortune, aveugle, sans choix et sans discernement, a comme accablés de ses bienfaits, en jouissent avec orgueil et sans modération; leurs yeux, leur démarche, leur ton de voix et leur accès, marquent longtemps en eux l'admiration où ils sont d'eux-mêmes et de se voir si éminents; et ils deviennent si farouches, que leur chute seule peut les apprivoiser.

La Bruyère.

En France, l'amour de la liberté est un peu le goût du pouvoir.

Mignet.

## LA POLITIQUE

La politique n'est pas une géométrie qui s'applique; c'est une médecine ou une hygiène qui se pratique.

Sainte-Beuve.

En politique comme dans la vie, on ne doit désirer que le possible et le praticable.

Henri Heine.

Ceux qui élèvent des questions publiques devraient considérer combien elles se dénaturent en chemin. On ne nous demande d'abord qu'un léger sacrifice; bientôt on en commande de très-grands; enfin on en exige d'impossibles.

RIVAROL.

Les vrais politiques connaissent mieux les hommes que ceux qui font métier de philosophie. Je veux dire qu'ils sont plus vrais philosophes.

VAUVENARGUES.

Un grand et vrai politique ne doit pas être bon comme un particulier; il doit agir et gouverner en vue des bons et des honnêtes gens, voilà sa morale; mais pour cela il faut croire au mal et aux méchants, y croire beaucoup et s'en défier sans relâche.

SAINTE-BEUVE.

Il faut étudier la société par les hommes, et les hommes par la société : ceux qui voudront traiter séparément la politique et la morale n'entendront jamais rien à aucune des deux.

J. J. ROUSSEAU.

Le grand abus des abstractions est de prendre, en métaphysique, les êtres de raison, tels que la *pensée*, pour des êtres réels, etc., et de traiter, en politique, les êtres réels, tels que le *pouvoir exécutif*, comme des êtres de raison.

Joubert.

Les opinions extrêmes sont la ressource de ceux qui ne peuvent embrasser qu'une idée à la fois.

Madame de Stael.

Ne songer qu'à soi et au présent, source d'erreur dans la politique.

La Bruyère.

Le passé prédit l'avenir.

Mably.

La politique est comme le sphinx de la fable : elle dévore tous ceux qui ne devinent pas ses énigmes.

Rivarol.

Dans les crises politiques, le plus difficile pour un honnête homme n'est pas de faire son devoir, mais de le connaître.

De Bonald.

Il n'est jamais bon ni politique d'humilier les hommes et les peuples.

Sainte-Beuve.

S'il est périlleux de tremper dans une affaire suspecte, il l'est encore davantage de s'y trouver complice d'un grand : il s'en tire et vous laisse payer doublement, pour lui et pour vous.

La Bruyère.

C'est une erreur dans les grands de croire qu'ils peuvent prodiguer sans conséquence leurs paroles et leurs promesses. Les hommes souffrent avec peine qu'on leur ôte ce qu'ils se sont en quelque sorte approprié par l'espérance. On ne les trompe pas longtemps sur leurs intérêts, et ils ne haïssent rien tant que d'être dupes. C'est par cette raison qu'il est si rare que la fourberie réussisse; il faut de la sincérité et de la droiture, même pour séduire.

Vauvenargues.

Dès qu'un homme faible sent échapper la popularité, il fait mille efforts pour la retenir, et pour l'ordinaire ce moment est celui où l'on manque le plus à son opinion, et où l'on peut se laisser entraîner aux plus folles et aux plus funestes extravagances. Pour un homme de caractère, l'abus contraire serait plus à craindre, et tout comme l'autre y aurait mis de la lâcheté, il serait enclin à y mettre du dépit.

Barnave.

La popularité est comme l'air, une puissance qui élève et ne porte pas.

Lamennais.

Il faut souvent changer d'opinion pour être toujours de son parti.

Cardinal de Retz.

L'esprit de parti abaisse les plus grands hommes jusques aux petitesses du peuple.

La Bruyère.

L'esprit de parti est ainsi fait qu'il ne voit dans les choses que ce qui le sert.

Sainte-Beuve.

La clémence des princes n'est souvent qu'une politique pour gagner l'affection des peuples.

La Rochefoucauld.

Cette clémence, dont on fait une vertu, se pratique, tantôt par vanité, quelquefois par paresse, souvent par crainte, et presque toujours par tous les trois ensemble.

La Rochefoucauld.

Les subjects d'un prince excessif en dons, se rendent

excessifs en demandes; ils se taillent, non à la raison, mais à l'exemple.

MONTAIGNE.

Les Français ont mis la liberté avant la sûreté. Cependant l'homme quitte les bois, où la liberté l'emporte sur la sûreté, pour arriver dans les villes, où la sûreté l'emporte sur la liberté.

RIVAROL.

Tout arrive en France.

LA ROCHEFOUCAULD.

En fait de politique, rien n'arrive deux fois de la même manière.

GRIMM.

Il faut avoir une pensée de derrière, et juger du tout par là, en parlant cependant comme le peuple.

PASCAL.

La politique, même dans les gouvernements représentatifs, est *ce qu'on ne dit pas*.

FIÉVÉE.

Il faut des fripons à la cour auprès des grands et des ministres, même les mieux intentionnés; mais l'usage en est délicat, et il faut savoir le mettre en œuvre. Il y a des temps et des occasions où ils ne peuvent être suppléés par d'autres. Honneur, vertu, conscience, qualités toujours respectables, souvent inutiles. Que voulez-vous quelquefois que l'on fasse d'un homme de bien ?

La Bruyère.

On faict tort aux partis justes, quand on veult les secourir de fourbes.

Montaigne.

En politique il faut toujours laisser un os à ronger aux frondeurs.

Joubert.

Dans les grandes affaires, on doit moins s'appliquer à faire naître des occasions qu'à profiter de celles qui se présentent.

La Rochefoucauld.

Je ne mets au-dessus d'un grand politique que celui qui néglige de le devenir, et qui se persuade de plus en plus que le monde ne mérite point qu'on s'en occupe.

La Bruyère.

## LA DÉMOCRATIE.

Le meilleur des gouvernements n'est pas celui qui fait les hommes les plus heureux, mais celui qui fait le plus grand nombre d'heureux.
Duclos.

La chose qui m'étonne le plus dans une démocratie, c'est la mobilité des actions humaines et la fixité de certains principes.
Tocqueville.

« Je pense comme ma terre », disait un propriétaire ; mot plein de sens et dont on peut faire l'application chaque jour. Les uns pensent en effet comme leur terre, les autres comme leur boutique, quelques-uns comme leur marteau, quelques autres comme leur bourse vide et qui aspire à se remplir.
Joubert.

Comme, dans les démocraties, le peuple paraît à peu près faire ce qu'il veut, on a mis la liberté dans ces sortes de gouvernements, et on a confondu le pouvoir du peuple avec la liberté du peuple.
Montesquieu.

La volonté générale n'est pas plus respectable que la volonté particulière dès qu'elle sort de sa sphère.

Benjamin Constant.

La pluralité est la meilleure voie, parce qu'elle est visible, et qu'elle a la force pour se faire obéir; cependant c'est l'avis des moins habiles.

Pascal.

Il y a à parier que toute idée publique, toute convention reçue est une sottise; car elle a convenu au plus grand nombre.

Chamfort.

Il y a une grande distinction à faire entre la majorité arithmétique et la majorité politique d'un État.

Rivarol.

Le public! Le public! combien faut-il de sots pour faire un public?

Chamfort.

Il y a du malheur d'en estre là, que la meilleure touche de la verité ce soit la multitude des croyants, en une presse où les fols surpassent de tant les sages en nombre.

Montaigne.

Jusqu'à ce qu'on rencontre le secret de rendre les esprits plus justes, tous les pas que l'on pourra faire dans la vérité n'empêcheront pas les hommes de raisonner faux ; et plus on voudra les pousser au delà des notions communes, plus on les mettra en péril de se tromper.

VAUVENARGUES.

Les grands hommes, en apprenant aux faibles à réfléchir, les ont mis sur la route de l'erreur.

VAUVENARGUES.

Il y avait un grand vice dans la plupart des anciennes républiques, c'est que le peuple avait le droit d'y prendre des résolutions actives, et qui demandent quelque exécution, chose dont il est entièrement incapable. Il ne doit entrer dans le gouvernement que pour choisir ses représentants, ce qui est très à sa portée. Car, s'il y a peu de gens qui connaissent le degré précis de la capacité des hommes, chacun est pourtant capable de savoir, en général, si celui qu'il choisit est plus éclairé que la plupart des autres.

MONTESQUIEU.

Le peuple est capable de vertu, mais incapable de sagesse. Plus infaillible dans son estime que dans ses préférences, il sait connaître, mais ne sait pas choisir. Il y a plus de sens que l'on ne croit dans cette épigramme contre un boucher qui, ayant besoin d'un avocat, se rendit au palais, en la grand'salle, et y fit choix du plus gros.

Joubert.

La volonté du souverain est le souverain lui-même. Les lois qui établissent le droit de suffrage sont donc fondamentales.

Montesquieu.

Un peuple veut beaucoup, et, par conséquent, beaucoup de choses contraires à la prospérité du corps politique ; car tout peuple est enfant. Si, comme les Juifs, il quitte sa terre pour suivre un chef dans le désert, il faut des prestiges pour le séduire et des miracles pour le sauver. S'il nomme un général ou un roi, il n'y a de politique dans ce grand acte que ce qui est nécessaire et forcé, je veux dire la nomination du chef ; mais le choix de tel ou tel, s'il est purement volontaire, est ordinairement mauvais.

Rivarol.

Le peuple a toujours trop d'action ou trop peu. Quelquefois avec cent mille bras il renverse tout ; quelquefois avec cent mille pieds il ne va que comme des insectes.

Montesquieu.

Il est nécessaire, dans le mécanisme politique, que la multitude oublie ses droits, et que le chef oublie sa faiblesse.

Joubert.

Il y a des temps où le gouvernement perd la confiance du peuple, mais je n'en connais pas où le gouvernement puisse se fier au peuple.

Rivarol.

Notre mérite nous attire l'estime des honnêtes gens, et notre étoile, celle du public.

La Rochefoucauld.

Le peuple donne sa faveur, jamais sa confiance.

Rivarol.

Les peuples sont las quelquefois devant que de s'apercevoir qu'ils le sont.

Cardinal de Retz.

Le public ne croit point à la pureté de certaines vertus et de certains sentiments ; et en général, le public ne peut guère s'élever qu'à des idées basses.

Chamfort.

C'est ignorer le goût du peuple, que de ne pas hasarder quelquefois de grandes fadaises.

La Bruyère.

Un pouvoir exorbitant donné tout à coup à un citoyen dans une république forme une monarchie ou plus qu'une monarchie. Quand on succède au peuple, on est despote.

Rivarol.

Voilà le destin et le malheur des pouvoirs populaires. Ils ne se font croire que quand ils se font sentir, et il est très-souvent de l'intérêt et même de l'honneur de ceux entre les mains de qui ils sont, de les faire moins sentir que croire.

Cardinal de Retz.

Toute nation mise en demeure par ses conducteurs de se prononcer entre le connu et l'inconnu, embrasse infailliblement le connu, quel qu'il soit, comme le salut suprême.

Lanfrey.

Ce qui manque le plus de nos jours, c'est le respect dans l'ordre moral et l'attention dans l'ordre intellectuel.

Royer-Collard.

En France, ce qu'on a le plus, c'est l'essor et l'élan ; ce qui manque le plus, c'est la consistance et le caractère. Cela a manqué à la noblesse autrefois et pourrait bien manquer au peuple aujourd'hui.

Sainte-Beuve.

Le peuple souvent a le plaisir de la tragédie : il voit périr sur le théâtre du monde les personnages les plus odieux, qui ont fait le plus de mal dans diverses scènes et qu'il a le plus haïs.

La Bruyère.

Si les honnêtes gens s'avisaient de faire cause commune, leur ligue serait bien forte. Quand les gens d'esprit et d'honneur s'entendront, les sots et les fripons joueront un bien petit rôle. Il n'y a malheureusement que les fripons qui fassent des ligues ; les honnêtes gens se tiennent isolés.

Duclos.

## LA RÉVOLUTION

Il est bien aysé d'accuser d'imperfection une police, car toutes choses mortelles en sont pleines ; il est bien aysé d'engendrer à un peuple le mespris des anciennes observances ; jamais homme n'entreprint cela, qui n'en veinst à bout ; mais d'y restablir un meilleur estat en la place de celui qu'on a ruyné, à cecy plusieurs se sont morfondus de ceulx qui l'avoient entreprins.

Montaigne.

Quand le peuple est en mouvement, on ne comprend pas par où le calme peut y rentrer ; et quand il est paisible, on ne voit pas par où le calme peut en sortir.

La Bruyère.

Des sottises faites par des gens habiles, des extravagances dites par des gens d'esprit, des crimes commis par d'honnêtes gens, voilà les révolutions.

De Bonald.

Ceulx qui donnent le bransle à un estat sont volontiers les premiers absorbez en sa ruyne : le fruit du trouble ne demeure guères à celui qui l'a esmeu ; il bat et brouille l'eau pour d'aultres pescheurs.

Montaigne.

S'il est vrai que les conjurations soient quelquefois tracées par des gens d'esprit, elles sont toujours exécutées par des bêtes féroces.

Rivarol.

Il y a souvent plus d'un grain de charlatanisme sous les airs d'homme fougueux et exalté.

Sainte-Beuve.

Quand une fois on a trouvé le moyen de prendre la multitude par l'appât de la liberté, elle suit en aveugle, pourvu qu'elle en entende seulement le nom.

Bossuet.

La populace croit aller mieux à la liberté quand elle attente à celle des autres.

Rivarol.

Quand l'arbre est renversé, tous courent aux branches.

Cardinal de Richelieu.

Un grand peuple remué ne peut faire que des exécutions.

Rivarol.

Tout ce qui se corrompt fermente.

JOUBERT.

Malheur à ceux qui remuent le fond d'une nation.

RIVAROL.

En France, on laisse en repos ceux qui mettent le feu, et on persécute ceux qui sonnent le tocsin.

CHAMFORT.

Depuis l'Évangile jusqu'au *Contrat social*, ce sont les livres qui ont fait les révolutions.

DE BONALD.

Les révolutions se font avec une seule Chambre et se terminent avec deux.

MIGNET.

Tout homme de courage devient un homme public le jour des fléaux.

MIRABEAU.

Le plus grand malheur des guerres civiles est que l'on y est responsable même du mal que l'on n'y fait pas.

Cardinal DE RETZ.

Pour apprendre à juger les hommes, il faut vivre avec eux en temps de révolution.

Madame DE STAEL.

Un des plus grands malheurs des guerres civiles est de corrompre bientôt les meilleurs et les plus généreux de ceux qui y entrent.

SAINTE-BEUVE.

---

# LA GUERRE

Il n'est occupation plaisante comme la militaire : occupation et noble en execution (car la plus forte, genereuse et superbe de toutes les vertus est la vaillance), et noble en sa cause : il n'est point d'utilité, ny plus juste, ny plus universelle, que la protection du repos et grandeur de son païs. La compagnie de tant d'hommes vous plaist, nobles, jeunes, actifs; la veue ordinaire de tant de spectacles tragiques ; la liberté de cette conversation, sans art; et une façon de vie, masle et sans cerimonie; la varieté de mille actions diverses; cette courageuse harmonie de la musique guerriere, qui vous entretient et eschauffe et les aureilles et l'ame ; l'honneur de cet exercice ; son aspreté mesme et sa difficulté que Platon estime si peu, qu'en sa republicque il en faict part aux femmes et aux enfants.

Montaigne.

« Pourquoi me tuez-vous ? — Eh quoi ! ne demeurez-vous pas de l'autre côté de l'eau ? Mon ami, si vous demeuriez de ce côté, je serais un assassin, cela serait injuste de vous tuer de la sorte ; mais puisque vous demeurez de l'autre côté, je suis un brave, et cela est juste. »

Pascal.

Quand il est question de juger si on doit faire la guerre et tuer tant d'hommes, condamner tant d'Espagnols à la mort, c'est un homme seul qui en juge, et encore intéressé ; ce devrait être un tiers indifférent.

Pascal.

Les grandes entreprises lointaines périssent par la grandeur même des préparatifs qu'on fait pour en assurer la réussite.

Montesquieu.

Dans la gloire, il y a toujours du bonheur.

Joubert.

Chez nous, le soldat est brave, et l'homme de robe est savant : nous n'allons pas plus loin. Chez les Romains, l'homme de robe était brave, et le soldat était savant : un Romain était tout ensemble et le soldat et l'homme de robe.

La Bruyère.

Nul ne sait ce que c'est que la guerre, s'il n'y a son fils.

Joseph de Maistre.

Le peuple paisible dans ses foyers, au milieu des siens, et dans le sein d'une grande ville, où il n'a rien à craindre ni pour ses biens ni pour sa vie, respire le feu et le sang, s'occupe de guerres, de ruines, d'embrasements et de massacres ; souffre impatiemment que des armées qui tiennent la campagne ne viennent point à se rencontrer, ou si elles sont une fois en présence, qu'elles ne combattent point, ou si elles se mêlent, que le combat ne soit pas sanglant, et qu'il y ait moins de dix mille hommes sur la place. Il va même souvent jusqu'à oublier ses intérêts les plus chers, le repos et la sûreté, par l'amour qu'il a pour le changement, et par le goût de la nouveauté, ou des choses extraordinaires. Quelques-uns consentiraient à voir une autre fois les ennemis aux portes de Dijon ou de Corbie, à voir tendre des chaînes, et faire des barricades, pour le seul plaisir d'en dire ou d'en apprendre la nouvelle.

La Bruyère.

Celuy qui meurt en la meslee, les armes à la main, il n'estudie pas lors la mort, il ne la sent, ny ne la considere : l'ardeur du combat l'emporte.

Montaigne.

S'il est vrai qu'un grand donne plus à la fortune lorsqu'il hasarde une vie destinée à couler dans les rires, le plaisir et l'abondance, qu'un particulier qui ne risque que des jours qui sont misérables, il faut avouer aussi qu'il a un tout autre dédommagement, qui est la gloire et la haute réputation. Le soldat ne sent pas qu'il soit connu, il meurt obscur et dans la foule ; il vivait de même à la vérité, mais il vivait ; et c'est l'une des sources du défaut de courage dans les conditions basses et serviles. Ceux au contraire que la naissance démêle d'avec le peuple, et expose aux yeux des hommes, à leur censure et à leurs éloges, sont même capables de sortir par effort de leur tempérament, s'il ne les portait pas à la vertu ; et cette disposition de cœur et d'esprit qui passe des aïeux par les pères dans leurs descendants, est cette bravoure si familière aux personnes nobles, et peut-être la noblesse même. Jetez-moi dans les troupes comme un simple soldat, je suis Thersite; mettez-moi à la tête d'une armée dont j'aie à répondre à toute l'Europe, je suis Achille.

La Bruyère.

Le contemplateur, mollement couché dans une chambre tapissée, invective contre le soldat qui passe les nuits de l'hiver au bord d'un fleuve, et veille en silence sous les armes pour la sûreté de sa patrie.

Vauvenargues.

La paix rend les peuples plus heureux et les hommes plus faibles.

Vauvenargues.

La guerre n'est pas si onéreuse que la servitude.

Vauvenargues.

Ces grandes et éclatantes actions qui éblouissent les yeux sont représentées par les politiques comme les effets des grands desseins, au lieu que ce sont d'ordinaire les effets de l'humeur et des passions. Ainsi la guerre d'Auguste et d'Antoine, qu'on rapporte à l'ambition qu'ils avaient de se rendre maîtres du monde, n'était peut-être qu'un effet de jalousie.

La Rochefoucauld.

Le son du tambour dissipe les pensées ; c'est par cela même que cet instrument est éminemment militaire.

Joubert.

La guerre démoralise vite et ensauvage les cœurs en se prolongeant trop. Il ne faut pas beaucoup tenter l'homme et le défier pour qu'il redevienne cruel et barbare. Le sang versé donne la soif du sang.

Sainte-Beuve.

Ce qui est dans la logique des faits arrive toujours, et il n'y a rien de plus inutile au monde que la victoire.

Proudhon.

# LA SOCIÉTÉ

Les droits des hommes réunis en société ne sont point fondés sur leur histoire, mais sur leur nature.

Turgot.

Les hommes ne sont pas faits pour être entassés en fourmilières, mais épars sur la terre qu'ils doivent cultiver.

J. J. Rousseau.

La société n'est pas, comme on le croit d'ordinaire, le développement de la nature, mais bien sa décomposition et sa refonte entière. C'est un second édifice, bâti avec des décombres du premier. On en trouve les débris, avec un plaisir mêlé de surprise. C'est celui qu'occasionne l'expression naïve d'un sentiment naturel qui échappe dans la société; il arrive même qu'il plaît davantage, si la personne à laquelle il échappe est d'un rang plus élevé, c'est-à-dire plus loin de la nature. Il charme dans un roi, parce qu'un roi est dans l'extrémité opposée. C'est un débris d'ancienne architecture dorique ou corinthienne, dans un édifice grossier et moderne.

En général, si la société n'était pas une composition factice, tout sentiment simple et vrai ne produirait pas le grand effet qu'il produit : il plairait sans étonner ; mais il étonne et il plaît. Notre surprise est la satire de la société, et notre plaisir est un hommage à la nature.

CHAMFORT.

Ce qui fait la vie sociale, c'est la sécurité et le progrès. Tout système qui ne procure pas l'ordre dans le présent et le mouvement dans l'avenir est vicieux et doit être abandonné.

GUIZOT.

On s'est beaucoup moqué de ceux qui parlaient avec enthousiasme de l'état sauvage en opposition à l'état social. Cependant, je voudrais savoir ce qu'on peut répondre à ces trois objections : Il est sans exemple que, chez les sauvages, on ait vu 1° un fou, 2° un suicide, 3° un sauvage qui ait voulu embrasser la vie sociale ;

tandis qu'un grand nombre d'Européens, tant au Cap que dans les deux Amériques, après avoir vécu chez les sauvages, se trouvant ramenés chez leurs compatriotes, sont retournés dans les bois. Qu'on réplique à cela sans verbiage, sans sophisme.

CHAMFORT.

L'on demande pourquoi tous les hommes ensemble ne composent pas comme une seule nation et n'ont point voulu parler une même langue, vivre sous les mêmes lois, convenir entre eux des mêmes usages et d'un même culte ; et moi, pensant à la contrariété des esprits, des goûts et des sentiments, je suis étonné de voir jusqu'à sept ou huit personnes se rassembler sous un même toit, dans une même enceinte, et composer une seule famille.

LA BRUYÈRE.

Les fléaux physiques et les calamités de la nature humaine ont rendu la société nécessaire. La société a ajouté aux malheurs de la nature. Les inconvénients de la société ont amené la nécessité du gouvernement, et le gouvernement ajoute aux malheurs de la société. Voilà l'histoire de la nature humaine.

CHAMFORT.

Une des premières vertus sociales est de tolérer dans les autres ce qu'on doit s'interdire à soi-même.

Duclos.

Il se trouve que chacun va au bien commun, croyant aller à des intérêts particuliers.

Montesquieu.

C'est un grand spectacle de considérer les hommes méditant en secret de s'entre-nuire, et forcés néanmoins de s'entr'aider contre leur inclination et leur dessein.

Vauvenargues.

Il ne faut pas rechercher avec trop de sévérité le principe des actions, quand elles tendent au bien de la société. Il est toujours sage et avantageux d'encourager les hommes aux actes honnêtes : ils sont capables de prendre le pli de la vertu comme du vice.

Duclos.

Le progrès de la société est précisément de substituer d'une part les pouvoirs publics aux volontés particulières, de l'autre la résistance légale à la résistance individuelle.

Guizot.

Le malheur de l'humanité, considérée dans l'état

social, c'est que, quoique en morale et en politique on puisse donner comme définition que *le mal est ce qui nuit,* on ne peut pas dire que *le bien est ce qui sert;* car ce qui sert un moment peut nuire longtemps ou toujours.

Chamfort.

Les hommes ne vivraient pas longtemps en société s'ils n'étaient les dupes les uns des autres.

La Rochefoucauld.

Les abus inévitables sont des lois de la nature.

Vauvenargues.

L'homme est naturellement cruel à l'homme, tant que la civilisation ne l'a pas adouci.

Sainte-Beuve.

Tout ce qui bransle ne tombe pas. La contexture d'un si grand corps tient à plus d'un clou; il tient mesme par son antiquité : comme les vieulx bastiments ausquels l'aage a derobbé le pied, sans crouste et sans ciment, qui pourtant vivent et se soubtiennent en leur propre poids.

Montaigne.

Ce qui est certain, c'est que l'homme répugne à l'association telle que la sentent et la pratiquent les bêtes, et qui est le pur communisme. L'homme, être libre par excellence, n'accepte la société qu'à la condition de s'y trouver libre : condition qui ne peut être obtenue qu'à l'aide d'un sentiment particulier, différent de la sociabilité et supérieur à elle : ce sentiment, c'est la justice.

Proudhon.

---

## LES CONDITIONS SOCIALES

Les grands seigneurs ont des plaisirs, le peuple a de la joie.

Montesquieu.

Le peuple ne s'ennuie guère, sa vie est active ; si ses amusements ne sont pas variés, ils sont rares ; beaucoup de jours de fatigue lui font goûter avec délices quelques jours de fêtes.

J. J. Rousseau.

Il faut au peuple des vérités usuelles, et non des abstractions.

Rivarol.

Lorsque le peuple a de bonnes maximes, il y tient plus longtemps que ce qu'on appelle les honnêtes gens.

MONTESQUIEU.

Les grands hommes dogmatisent; le peuple croit.

VAUVENARGUES.

La philosophie étant le fruit d'une longue méditation et le résultat de la vie entière, ne peut et ne doit jamais être présentée au peuple, qui est toujours au début de la vie.

RIVAROL.

Le peuple est honnête dans ses goûts, sans l'être dans ses mœurs.

MONTESQUIEU.

Les gens du monde ne s'entretiennent pas de si petites choses que le peuple; mais le peuple ne s'occupe pas de choses si frivoles que les gens du monde.

VAUVENARGUES.

*Politesse dans l'inférieur*, signe de son état; *dans le supérieur*, signe de son éducation : aussi, malgré la Révolution, celui-ci continue pour n'avoir pas l'air d'avoir perdu son éducation, tandis que l'homme du peuple cesse d'être poli pour prouver qu'il a changé d'état. Il brave, il insulte, parce qu'il obéissait autrefois, parce qu'il flattait : c'est à ce signe qu'il reconnaît l'égalité.

Rivarol.

Les petits se haïssent les uns les autres, lorsqu'ils se nuisent réciproquement. Les grands sont odieux aux petits par le mal qu'ils leur font, et par tout le bien qu'ils ne leur font pas : ils leur sont responsables de leur obscurité, de leur pauvreté et de leur infortune; ou du moins ils leur paraissent tels.

La Bruyère.

C'est un grand malheur quand la moitié d'une nation est méprisée par l'autre; et je ne veux pas seulement parler du mépris des grands pour les petits, mais du mépris des petits pour les grands.

Joubert.

C'est un grand avantage que la qualité qui, dès dix-huit à vingt ans, met un homme en passe d'être connu et respecté comme un autre pourrait l'avoir mérité à cinquante ans. Ce sont trente ans gagnés sans peine.

Pascal.

Les grands croient être seuls parfaits, n'admettent qu'à peine dans les autres hommes la droiture d'esprit, l'habileté, la délicatesse, et s'emparent de ces riches talents comme de choses dues à leur naissance. C'est cependant en eux une erreur grossière de se nourrir de si fausses préventions; ce qu'il y a jamais eu de mieux pensé, de mieux dit, de mieux écrit, et peut-être d'une conduite plus délicate, ne nous est pas toujours venu de leur fonds. Ils ont de grands domaines et une longue suite d'ancêtres, cela ne leur peut être contesté.

La Bruyère.

L'avantage des grands sur les autres hommes est immense par un endroit. Je leur cède leur bonne chère, leurs riches ameublements, leurs chiens, leurs chevaux, leurs singes, leurs nains, leurs fous et leurs flatteurs; mais je leur envie le bonheur d'avoir à leur service des gens qui les égalent par le cœur et par l'esprit, et qui les passent quelquefois.

La Bruyère.

Les grands noms nous abaissent, au lieu d'élever ceux qui né les savent pas soutenir.

La Rochefoucauld.

De bien des gens il n'y a que le nom qui vaille quelque chose. Quand vous les voyez de fort près, c'est moins que rien ; de loin ils imposent.

La Bruyère.

Il suffit de n'être point né dans une ville, mais sous une chaumière répandue dans la campagne, ou sous une ruine qui trempe dans un marécage et qu'on appelle château, pour être cru noble sur parole.

La Bruyère.

Le noble de province, inutile à sa patrie, à sa famille et à lui-même; souvent sans toit, sans habits et sans aucun mérite, répète dix fois le jour qu'il est gentilhomme, traite les fourrures et les mortiers de bourgeoisie, occupé toute sa vie de ses parchemins et de ses titres, qu'il ne changerait pas contre les masses d'un chancelier.

La Bruyère.

Les gens du monde seraient sans doute fort surpris qu'on leur préférât souvent certaines sociétés bourgeoises où l'on trouve, sinon un plaisir délicat, du moins une joie contagieuse, souvent un peu de rudesse, mais on est trop heureux qu'il ne s'y glisse pas une demi-connaissance du monde, qui ne serait qu'un ridicule de plus : encore ne se ferait-il pas sentir à ceux qui l'auraient; ils ont le bonheur de ne connaître de ridicule que ce qui blesse la raison ou les mœurs.

Duclos.

Le vrai bourgeois est, par caractère, possesseur paisible et paresseux de ce qu'il a : il est toujours content de lui, et facilement content des autres.

Joubert.

Les païsans simples sont honnestes gents; et honnestes gents, les philosophes, ou, selon que nostre temps les nomme, des natures fortes et claires, enrichies d'une large instruction de sciences utiles : les mestis, qui ont desdaigné le premier siege de l'ignorance des lettres, et n'ont peu joindre l'aultre, sont dangereux, ineptes, importuns; ceulx-cy troublent le monde.

Montaigne.

La moyenne region loge les tempestes : les deux extremes, des hommes philosophes et des hommes ruraux, concurrent en tranquilité et en bonheur.

Montaigne.

J'aime les paysans; ils ne sont pas assez savants pour raisonner de travers.

Montesquieu.

## LE SOCIALISME

Il est faux que l'égalité soit une loi de la nature. La nature n'a rien fait d'égal. Sa loi souveraine est la subordination et la dépendance.

Vauvenargues.

Les hommes naissent semblables, mais non pas égaux : or c'est la ressemblance qui est la base de toute charité parmi les hommes, car si notre prochain n'est pas toujours notre égal, il est toujours notre semblable.

Rivarol.

Le projet de rapprocher les conditions a toujours été un beau songe; la loi ne saurait égaler les hommes malgré la nature.

Vauvenargues.

Dans l'état de nature, les hommes naissent bien dans l'égalité; mais ils n'y sauraient rester. La société la leur fait perdre, et ils ne redeviennent égaux que par les lois.

Montesquieu.

Les hommes naissent inégaux. Le grand bienfait de la société est de diminuer cette inégalité autant qu'il est possible, en procurant à tous la sûreté, la propriété nécessaire, l'éducation et les secours.

Joubert.

L'âge d'or qu'une aveugle tradition a placé jusqu'ici dans le passé est devant nous.

Saint-Simon.

La vigueur d'esprit ou l'adresse ont fait les premières fortunes. L'inégalité des conditions est née de celle des génies et des courages.

Vauvenargues.

On n'apprécie jamais mieux une injustice, une inégalité sociale, que quand on en est atteint soi-même ou dans les siens, d'une manière directe et personnelle.

Sainte-Beuve.

Il n'y a rien de plus terrible qu'un raisonnement absolu, corroboré par une souffrance personnelle.

E. de Vogué.

La société est composée de deux grandes classes :

ceux qui ont plus de dîners que d'appétit, et ceux qui ont plus d'appétit que de dîners.

Chamfort.

L'ordre social et la paix du monde reposent sur la patience et la résignation des pauvres.

Madame de Stael.

Le monde et la société ressemblent à une bibliothèque où, au premier coup d'œil, tout paraît en règle, parce que les livres y sont placés suivant le format et la grandeur des volumes ; mais où, dans le fond, tout est en désordre, parce que rien n'y est rangé suivant l'ordre des sciences, des matières ni des auteurs.

Chamfort.

Il y a des créatures de Dieu qu'on appelle des hommes qui ont une âme qui est esprit, dont toute la vie est occupée et toute l'attention est réunie à scier du marbre : cela est bien simple, c'est bien peu de chose. Il y en a d'autres qui s'en étonnent, mais qui sont entièrement inutiles, et qui passent les jours à ne rien faire : c'est encore moins que de scier du marbre.

La Bruyère.

Ce chien est à moi, disaient ces pauvres enfants ; c'est

là ma place au soleil : voilà le commencement et l'image de l'usurpation de toute la terre.

Pascal.

Il faut tenir ses sentiments près de son cœur. Lorsqu'on accoutume son cœur à aimer les espèces qui n'existent que pour l'esprit, on n'a plus d'attache qu'aux abstractions, et on leur sacrifie aisément les réalités. Quand on aime tant les hommes en masse, il ne reste plus d'affection à leur distribuer en détail ; on a dépensé toute sa bienveillance pour l'universalité : les individus se présentent trop tard. Ces affections philosophiques, qu'on ne ressent point sans effort, ruinent et dessèchent notre capacité d'aimer.

Joubert.

Défiez-vous de ces cosmopolites qui vont chercher au loin dans leurs livres des devoirs qu'ils dédaignent de remplir autour d'eux. Tel philosophe aime les Tartares, pour être dispensé d'aimer ses voisins.

J. J. Rousseau.

Rien ne presse un estat que l'innovation ; le changement donne seul forme à l'injustice et à la tyrannie. Quand quelque piece se desmanche, on peult l'estayer ; on peult s'opposer à ce que l'alteration et corruption naturelle à toutes choses ne nous esloigne trop de nos commencements et principes : mais d'entreprendre à refondre une si grande masse, et à changer les fondements d'un si grand bastiment, c'est à faire à ceulx qui, pour descrasser, effacent, qui veulent amender les defaults particuliers par une confusion universelle, et guarir les maladies par la mort.

Montaigne.

# LA FORTUNE

Triste condition de l'homme, et qui dégoûte de la vie : il faut suer, veiller, fléchir, dépendre, pour avoir un peu de fortune, ou la devoir à l'agonie de nos proches : celui qui s'empêche de souhaiter que son père y passe bientôt est homme de bien.

La Bruyère.

Faire fortune est une si belle phrase, et qui dit une si bonne chose, qu'elle est d'un usage universel. On la connaît dans toutes les langues ; elle plaît aux étrangers et aux barbares, elle règne à la cour et à la ville, elle a percé les cloîtres et franchi les murs des abbayes de l'un et de l'autre sexe ; il n'y a point de lieux sacrés où elle n'ait pénétré, point de désert ni de solitude où elle soit inconnue.

La Bruyère.

Il est faux qu'on ait fait fortune lorsqu'on ne sait pas en jouir.

Vauvenargues.

Si vous n'avez rien oublié pour votre fortune, quel travail ! Si vous avez négligé la moindre chose, quel repentir !

La Bruyère.

L'on peut s'enrichir dans quelque art ou dans quelque commerce que ce soit, par l'ostentation d'une certaine probité.

La Bruyère.

L'on blâme les gens qui font une grande fortune pendant qu'ils en ont les occasions, parce que l'on désespère, par la médiocrité de la sienne, d'être jamais en état de faire comme eux, et de s'attirer ce reproche. Si l'on était à portée de leur succéder, l'on commencerait à sentir qu'ils ont moins de tort, et l'on serait plus retenu, de peur de prononcer d'avance sa condamnation.

La Bruyère.

Combien d'hommes ressemblent à ces arbres déjà forts et avancés que l'on transporte dans les jardins,

## LA FORTUNE.

où ils surprennent les yeux de ceux qui les voient placés dans de beaux endroits où ils ne les ont point vus croître, et qui ne connaissent ni leurs commencements, ni leurs progrès !

LA BRUYÈRE.

N'envions point à une sorte de gens leurs grandes richesses ; ils les ont à titre onéreux, et qui ne nous accommoderait point. Ils ont mis leur repos, leur santé, leur honneur et leur conscience pour les avoir : cela est trop cher ; et il n'y a rien à gagner à un tel marché.

LA BRUYÈRE.

Il y a des stupides, et j'ose dire des imbéciles qui se placent en de beaux postes, et qui savent mourir dans l'opulence, sans qu'on les doive soupçonner en nulle manière d'y avoir contribué de leur travail ou de la moindre industrie : quelqu'un les a conduits à la source d'un fleuve, ou bien le hasard seul les y a fait rencontrer : on leur a dit, voulez-vous de l'eau ? puisez ; et ils ont puisé.

LA BRUYÈRE.

Chrysippe, homme nouveau, et le premier noble de sa race, aspirait, il y a trente années, à se voir un jour deux mille livres de rente pour tout bien ; c'était là le comble de ses souhaits et sa plus haute ambition ; il l'a dit ainsi, et on s'en souvient. Il arrive, je ne sais par quels chemins, jusqu'à donner en revenu à l'une de ses filles, pour sa dot, ce qu'il désirait lui-même d'avoir en fonds pour toute fortune pendant sa vie ; une pareille somme est comptée dans ses coffres pour chacun de ses autres enfants qu'il doit pourvoir, et il a un grand nombre d'enfants : ce n'est qu'en avancement d'hoirie, il y a d'autres biens à espérer après sa mort ; il vit encore, quoique assez avancé en âge, et il use le reste de ses jours à travailler pour s'enrichir.

La Bruyère.

Il faut avoir trente ans pour songer à sa fortune, elle n'est pas faite à cinquante : l'on bâtit dans sa vieillesse, et l'on meurt quand on en est aux peintres et aux vitriers.

La Bruyère.

---

# LES RICHESSES

Rien ne fait mieux comprendre le peu de choses que Dieu croit donner aux hommes en leur abandonnant les richesses, l'argent, les grands établissements et les autres biens, que la dispensation qu'il en fait, et le genre d'hommes qui en sont le mieux pourvus.

La Bruyère.

Supposez vingt hommes, même honnêtes, qui tous connaissent et estiment un homme d'un mérite reconnu, Dorilas, par exemple; louez, vantez ses talents et ses vertus; que tous conviennent de ses vertus et de ses talents; l'un des assistants ajoute : C'est dommage qu'il soit si peu favorisé de la fortune. Que dites-vous? reprend un autre, c'est que sa modestie l'oblige à vivre sans luxe. Savez-vous qu'il a vingt-cinq mille livres de rente? — Vraiment! — Soyez-en sûr, j'en ai la preuve. Qu'alors cet homme de mérite paraisse, et qu'il compare l'accueil de la société et la manière plus ou moins froide, quoique distinguée, dont il était reçu précédemment. C'est ce qu'il a fait : il a comparé et il a gémi. Mais dans cette société, il s'est trouvé un homme dont le maintien a été le même à son égard. Un sur vingt, dit notre philosophe, je suis content.

Chamfort.

Du même fond d'orgueil dont l'on s'élève fièrement au-dessus de ses inférieurs, l'on rampe vilement devant ceux qui sont au-dessus de soi.

C'est le propre de ce vice, qui n'est fondé ni sur le mérite personnel, ni sur la vertu, mais sur les richesses, les postes, le crédit, et sur de vaines sciences, de nous porter également à mépriser ceux qui ont moins que nous de cette espèce de biens, et à estimer trop ceux qui en ont une mesure qui excède la nôtre.

La Bruyère.

Une grande naissance ou une grande fortune annonce le mérite et le fait plutôt remarquer.

La Bruyère.

La probité est la vertu des pauvres; la vertu doit être la probité des riches.

Duclos.

La fortune est souvent comme les femmes riches et dépensières, qui ruinent les maisons où elles ont apporté une riche dot.

Chamfort.

Le besoin d'argent a réconcilié la noblesse avec la roture et a fait évanouir la preuve des quatre quartiers.

La Bruyère.

# LES RICHESSES.

Les changements de fortune ont un grand inconvénient : les enrichis n'ont pas appris à être riches, et les ruinés à être pauvres.

Joubert.

Les Sannions et les Crispins veulent encore davantage que l'on dise d'eux qu'ils font une grande dépense, qu'ils n'aiment à la faire ; ils font un récit long et ennuyeux d'une fête ou d'un repas qu'ils ont donné ; ils disent l'argent qu'ils ont perdu au jeu et ils plaignent fort haut celui qu'ils n'ont pas songé à perdre. Ils parlent jargon et mystère sur de certaines femmes ; ils ont réciproquement cent choses plaisantes à se conter ; ils ont fait depuis peu des découvertes ; ils se passent les uns aux autres qu'ils sont gens à belles aventures. L'un d'eux, qui s'est couché tard à la campagne, et qui voudrait dormir, se lève matin, chausse des guêtres, endosse un habit de toile, passe un cordon où pend le fourniment, renoue ses cheveux, prend un fusil ; il revient de nuit mouillé et recru sans avoir tué ; il retourne à la chasse le lendemain, et il passe tout le jour à manquer des grives ou des perdrix.

La Bruyère.

L'aysance et l'indigence despendent de l'opinion d'un chacun ; et non plus la richesse que la gloire, que la santé, n'ont qu'autant de beauté et de plaisir, que leur en preste celuy qui les possede.

MONTAIGNE.

Il y a de certains biens que l'on désire avec emportement, et dont l'idée seule nous enlève et nous transporte : s'il nous arrive de les obtenir, on les sent plus tranquillement qu'on ne l'eût pensé; on en jouit moins que l'on n'aspire encore à de plus grands.

LA BRUYÈRE.

Les biens de la fortune, touts tels qu'ils sont, encore faut-il avoir le sentiment propre à les savourer. C'est le jouir, non le posseder, qui nous rend heureux.

MONTAIGNE.

On a de la fortune sans bonheur, comme on a des femmes sans amour.

RIVAROL.

Le grand avantage des talents paraît en ce que la fortune sans mérite est presque inutile.

VAUVENARGUES.

Être bien logé, avoir de grands jardins, grande suite, avoir des tableaux, être prince, paraissent des biens et

# LES RICHESSES.

de grands biens à ceux qui ne les possèdent pas. Demandez à ceux qui les possèdent s'ils sentent bien le plaisir de ces choses, ils vous diront que non. J'ai vu des princesses qui n'allaient pas une fois en dix ans dans un beau jardin qu'elles avaient derrière leur maison.

NICOLE.

Ce palais, ces meubles, ces jardins, ces belles eaux vous enchantent, et vous font récrier d'une première vue sur une maison si délicieuse et sur l'extrême bonheur du maître qui la possède. Il n'est plus, il n'en a pas joui si agréablement et si tranquillement que vous : il n'y a jamais eu un jour serein ni une nuit tranquille : il s'est noyé de dettes pour la porter à ce degré de beauté où elle vous ravit ; ses créanciers l'en ont chassé ; il a tourné la tête, et il l'a regardée de loin une dernière fois, et il est mort de saisissement.

LA BRUYÈRE.

Me semble plus miserable un riche malaysé, necessiteux, affaireux, que celuy qui est simplement pauvre.

MONTAIGNE.

Quelque différence qu'il paraisse entre les fortunes,

il y a une certaine compensation de biens et de maux qui les rend égales.

La Rochefoucauld.

## LA MÉDIOCRITÉ

Le bon sens et le bonheur des particuliers consistent beaucoup dans la médiocrité de leurs talents et de leurs fortunes.

Montesquieu.

Il n'est rien naturellement si contraire à nostre goust, que la satiété qui vient de l'aysance : ny rien, qui l'aiguise tant que la rareté et difficulté.

Montaigne.

Un homme d'esprit prétendait, devant des millionnaires, qu'on pouvait être heureux avec deux mille écus de rente. Ils soutinrent le contraire avec aigreur, et même avec emportement. Au sortir de chez eux, il cherchait la cause de cette aigreur, de la part de gens qui avaient de l'amitié pour lui; il la trouva enfin. C'est que, par là, il leur faisait entrevoir qu'il n'était pas dans leur dépendance: Tout homme qui a peu de besoins semble menacer les riches d'être toujours prêt à leur échapper. Les tyrans voient par là qu'ils perdent un esclave. On peut appliquer cette réflexion à toutes les passions en général. L'homme qui a vaincu le penchant à l'amour montre une indifférence toujours odieuse aux femmes : elles cessent aussitôt de s'intéresser à lui. C'est peut-être pour cela que personne ne s'intéresse à la fortune d'un philosophe : il n'a pas les passions qui émeuvent la société. On voit qu'on ne peut presque rien faire pour son bonheur et on le laisse là.

Chamfort.

Celui qui a moins de plaisirs les sent plus vivement : il en sent une infinité d'autres que les autres ne sentent pas ou n'ont jamais sentis : et à cet égard la nature fait assez son devoir de mère commune.

Fontenelle.

Il n'y a rien qui se soutienne plus longtemps qu'une médiocre fortune : il n'y a rien dont on voie mieux la fin qu'une grande fortune.

La Bruyère.

Un homme fort riche peut manger des entremets,

faire peindre ses lambris et ses alcôves, jouir d'un palais à la campagne et d'un autre à la ville, avoir un grand équipage, mettre un duc dans sa famille et faire de son fils un grand seigneur, cela est juste et de son ressort. Mais il appartient peut-être à d'autres de vivre contents.

La Bruyère.

## LA PAUVRETÉ

Il me semble qu'à égalité d'esprit et de lumières, l'homme né riche ne doit jamais connaître aussi bien que le pauvre la nature, le cœur humain et la société. C'est que, dans le moment où l'autre plaçait une jouissance, le second se consolait par une réflexion.

Chamfort.

Il y a une espèce de honte d'être heureux à la vue de certaines misères.

La Bruyère.

L'on voit certains animaux farouches, des mâles et des femelles, répandus par la campagne, noirs, livides et tout brûlés du soleil, attachés à la terre qu'ils fouillent et qu'ils remuent avec une opiniâtreté invincible : ils ont comme une voix articulée : et quand ils se lèvent sur leurs pieds, ils montrent une face humaine, et en effet ils sont des hommes. Ils se retirent la nuit dans des tanières, où ils vivent de pain noir, d'eau et de racines : ils épargnent aux autres hommes la peine de semer, de labourer et de recueillir pour vivre, et méritent ainsi de ne pas manquer de ce pain qu'ils ont semé.

La Bruyère.

Il n'y a qu'une affliction qui dure, qui est celle qui vient de la perte des biens ; le temps, qui adoucit toutes les autres, aigrit celle-ci. Nous sentons à tous moments, pendant le cours de notre vie, où le bien que nous avons perdu nous manque.

La Bruyère.

La santé et les richesses ôtent aux hommes l'expérience du mal, leur inspirent la dureté pour leurs semblables ; et les gens déjà chargés de leur propre misère sont ceux qui entrent davantage par la compassion dans celle d'autrui.

La Bruyère.

J'ai souvent remarqué, dans mes lectures, que le premier mouvement de ceux qui ont fait quelque action héroïque, qui se sont livrés à quelque impression généreuse, qui ont sauvé les infortunés, couru quelque grand risque et procuré quelque grand avantage, soit au public, soit à des particuliers ; j'ai, dis-je, remarqué que leur premier mouvement a été de refuser la récompense qu'on leur en offrait. Ce sentiment s'est trouvé dans le cœur des hommes les plus indigents et de la dernière classe du peuple. Quel est donc cet instinct moral qui apprend à l'homme sans éducation que la récompense de ses actions est dans le cœur de celui qui les a faites ? Il semble qu'en nous les payant, on nous les ôte.

Chamfort.

Malheureusement il y a des vertus que l'on ne peut exercer que quand on est riche.

Rivarol.

A mesure que la faveur et les grands biens se retirent d'un homme, ils laissent voir en lui le ridicule qu'ils couvraient et qui y était sans que personne s'en aperçût.

La Bruyère.

J'ai remarqué une chose, que, quelque pauvre que l'on soit, on laisse toujours quelque chose en mourant.

Pascal.

# LA PAUVRETÉ.

Les dettes abrégent la vie.

JOUBERT.

La cause la plus immédiate de la ruine et de la déroute des personnes des deux conditions, de la robe et de l'épée, est que l'état seul, et non le bien, règle la dépense.

LA BRUYÈRE.

Il fait bon avec celui qui ne se sert pas de son bien à marier ses filles, à payer ses dettes ou à faire des contrats, pourvu que l'on ne soit ni ses enfants ni sa femme.

LA BRUYÈRE.

On demande si, en comparant ensemble les différentes conditions des hommes, leurs peines, leurs avantages, on n'y remarquerait pas un mélange ou une espèce de compensation de bien et de mal, qui établirait entre elles l'égalité, ou qui ferait du moins que l'une ne serait guère plus désirable que l'autre. Celui qui est puissant, riche, et à qui il ne manque rien, peut former cette question, mais il faut que ce soit un homme pauvre qui la décide.

LA BRUYÈRE.

## L'AVARICE

L'avarice est la dernière et la plus absolue de nos passions.

Vauvenargues.

Ce n'est pas le besoin d'argent où les vieillards peuvent appréhender de tomber un jour qui les rend avares, car il y en a de tels qui ont de si grands fonds, qu'ils ne peuvent guère avoir cette inquiétude : et d'ailleurs comment pourraient-ils craindre de manquer dans leur caducité des commodités de la vie, puisqu'ils s'en privent eux-mêmes volontairement pour satisfaire à leur avarice? Ce n'est point aussi l'envie de laisser de plus grandes richesses à leurs enfants, car il n'est pas naturel d'aimer quelque autre chose plus que soi-même, outre qu'il se trouve des avares qui n'ont point d'héritiers. Ce vice est plutôt l'effet de l'âge et de la complexion des vieillards, qui s'y abandonnent aussi naturellement qu'ils suivaient leurs plaisirs dans leur jeunesse, ou leur ambition dans l'âge viril. Il ne faut ni vigueur, ni jeunesse, ni santé, pour être avare; l'on n'a aussi nul besoin de s'empresser, ou de se donner le moindre mouvement pour épargner ses revenus : il faut laisser seulement son bien dans ses coffres, et se priver de tout. Cela est commode aux vieillards, à qui il faut une passion parce qu'ils sont hommes.

La Bruyère.

L'avarice annonce le déclin de l'âge et la fuite précipitée des plaisirs.

Vauvenargues.

De vray, ce n'est pas la disette, c'est plutost l'abondance, qui produict l'avarice.

Montaigne.

Il y a des gens qui n'ont de leur fortune que la crainte de la perdre.

Rivarol.

Oh ! le vilain et sot estude, d'estudier son argent, se plaire à le manier, poiser et recompter ! C'est par là que l'avarice faict ses approches.

Montaigne.

L'économie est la source de l'indépendance et de la liberté.

Madame Geoffrin.

Il faut regarder son bien comme son esclave, mais il ne faut pas perdre son esclave.

Montesquieu.

## LE JEU

Que dirai-je encore de l'esprit du jeu ? pourrait-on me le définir ? Ne faut-il ni prévoyance, ni finesse, ni habileté, pour jouer l'hombre ou les échecs ? et s'il en faut, pourquoi voit-on des imbéciles qui y excellent et de très-beaux génies qui n'ont pu même atteindre la médiocrité, à qui une pièce ou une carte dans les mains trouble la vue et fait perdre contenance ?

La Bruyère.

Tel homme passe sa vie sans ennui en jouant tous les jours peu de chose, qu'on rendrait malheureux en lui donnant tous les matins l'argent qu'il peut gagner chaque jour, à condition de ne point jouer. On dira peut-être que c'est l'amusement du jeu qu'il cherche, et non pas le gain ; mais qu'on le fasse jouer pour rien, il ne s'y échauffera pas et s'y ennuiera. Ce n'est donc pas l'amusement seul qu'il cherche ; un amusement languissant et sans passion l'ennuiera. Il faut donc qu'il s'y échauffe et qu'il se pique lui-même, en s'imaginant qu'il serait heureux de gagner ce qu'il ne voudrait pas qu'on lui donnât à condition de ne point jouer, et qu'il se forme un objet de passion qui excite son désir, sa colère, sa crainte, son espérance.

PASCAL.

Mille gens se ruinent au jeu, et vous disent froidement qu'ils ne sauraient se passer de jouer. Quelle excuse ! Y a-t-il une passion, quelque violente ou honteuse qu'elle soit, qui ne pût tenir ce langage? Serait-on reçu à dire qu'on ne peut se passer de voler, d'assassiner, de se précipiter ? Un jeu effroyable, continuel, sans retenue, sans bornes, où l'on n'a en vue que la ruine totale de son adversaire, où l'on est transporté du désir du gain, désespéré sur la perte, consumé par l'avarice, où l'on expose sur une carte ou à la fortune du dé, la sienne propre, celle de sa femme et de ses enfants, est-ce une chose qui soit permise ou que l'on doive se passer ? Ne faut-il pas quelquefois se faire une plus grande violence, lorsque, poussé par le jeu jusqu'à une déroute universelle, il faut même que l'on se passe d'habits et de nourriture, et de les fournir à sa famille?

Je ne permets à personne d'être fripon, mais je permets à un fripon de jouer un grand jeu ; je le défends à un honnête homme. C'est une trop grande puérilité que de s'exposer à une grande perte.

LA BRUYÈRE.

De là vient que tant de personnes se plaisent au jeu, à la chasse et aux autres divertissements qui occupent toute leur âme. Ce n'est pas qu'il y ait en effet du bonheur dans ce que l'on peut acquérir par le moyen de ces jeux, ni qu'on s'imagine que la vraie béatitude soit dans l'argent qu'on peut gagner au jeu ou dans le lièvre qu'on court. On n'en voudrait pas s'il était offert. Ce n'est pas cet usage mou et paisible et qui nous laisse penser à notre malheureuse condition qu'on recherche, mais c'est le tracas qui nous détourne d'y penser.

De là vient que les hommes aiment tant le bruit et le tumulte du monde, que la prison est un supplice si horrible, et qu'il y a si peu de personnes qui soient capables de souffrir la solitude.

Pascal.

Une tenue d'états, ou les chambres assemblées pour une affaire très-capitale, n'offrent aux yeux rien de si grave et de si sérieux, qu'une table de gens qui jouent un grand jeu : une triste sévérité règne sur leurs visages. Implacables l'un pour l'autre et irréconciliables ennemis pendant que la séance dure, ils ne reconnaissent plus ni liaisons, ni alliance, ni naissance, ni distinctions. Le hasard seul, aveugle et farouche divinité, préside au cercle et y décide souverainement; ils l'honorent tous par un silence profond et par une attention dont ils sont partout ailleurs fort incapables. Toutes les passions, comme suspendues, cèdent à une seule ; le courtisan alors n'est ni doux, ni flatteur, ni complaisant, ni même dévot.

La Bruyère.

# LE CORPS

L'ame, qui loge la philosophie, doibt, par sa santé, rendre sain encores le corps ; elle doibt faire luire jusques au dehors son repos et son aise; doit former à son moule le port exterieur, et l'armer, par consequent, d'une gratieuse fierté, d'un maintien actif et alaigre, et d'une contenance contente et débonnaire. La plus expresse marque de la sagesse, c'est une esjouissance constante.

Montaigne.

Il faut que le corps ait de la vigueur pour obéir à l'âme ; un bon serviteur doit être robuste..... Plus le corps est faible, plus il commande; plus il est fort, plus il obéit. Toutes les passions sensuelles logent dans des corps efféminés : ils s'en irritent d'autant plus qu'ils peuvent moins les satisfaire.

J. J. Rousseau.

# LE CORPS.

Il faut entretenir la vigueur du corps pour conserver celle de l'esprit.

Vauvenargues.

Il y a une faiblesse de corps qui provient de la force de l'esprit, et une faiblesse d'esprit qui vient de la force du corps.

Joubert.

La philosophie n'estrive (ne lutte pas) contre les voluptés naturelles, pourveu que la mesure y soit joinct, et en presche la moderation, non la fuyte ; l'effort de sa resistance s'employe contre les estrangieres et bastardes.

Montaigne.

La bonne grâce est au corps ce que le bon sens est à l'esprit.

La Rochefoucauld.

On est forcé de respecter les dons de la nature, que l'étude ni la fortune ne peuvent donner.

Vauvenargues.

La beauté est une piece de grande recommendation au commerce des hommes ; c'est le premier moyen de conciliation les uns aux aultres, et n'est homme si barbare et si rechigné, qui ne se sente aulcunement frappé de sa doulceur.

MONTAIGNE.

Les hommes sont ainsi faits : le ton qu'on passe aisément à un homme de haute taille, on ne le pardonne pas de même à un petit.

SAINTE-BEUVE.

Les humeurs du corps ont un cours ordinaire et réglé qui meut et tourne imperceptiblement notre volonté : elles roulent ensemble et exercent successivement un empire secret en nous; de sorte qu'elles ont une part considérable à toutes nos actions, sans que nous le puissions connaître.

LA ROCHEFOUCAULD.

Nos opinions, y compris celles que nous estimons les plus libres et les plus désintéressées, ont presque toujours leur point de départ et d'appui, leur secrète racine dans notre organisation individuelle.

SAINTE-BEUVE.

Malheureuse condition des hommes! à peine l'esprit est-il parvenu à sa maturité, que le corps commence à s'affaiblir.

MONTESQUIEU.

C'est bien raison que le corps ne suyve pas ses appetits au dommage de l'esprit : mais pourquoy n'est-ce pas aussi raison que l'esprit ne suyve pas les siens au dommage du corps?

Montaigne.

## LA SANTÉ

Il n'y a rien que les hommes aiment mieux à conserver, et qu'ils ménagent moins, que leur propre vie.

La Bruyère.

Cromwell allait ravager toute la chrétienté : la famille royale était perdue, et la sienne à jamais puissante, sans un petit grain de sable qui se mit dans son urètre. Rome même allait trembler sous lui. Mais ce petit gravier, qui n'était rien ailleurs, mis en cet endroit, le voilà mort, sa famille abaissée et le roi rétabli.

Pascal.

Une détestable santé est l'explication de bien des choses.

Sainte-Beuve.

Les maladies suspendent nos vertus et nos vices.

VAUVENARGUES.

L'on doute de Dieu dans une pleine santé, comme l'on doute que ce soit péché que d'avoir un commerce avec une personne libre : quand l'on devient malade, et que l'hydropisie est formée, l'on quitte sa concubine et l'on croit en Dieu.

LA BRUYÈRE.

La maladie éteint dans quelques hommes le courage, dans quelques autres la peur et jusqu'à l'amour de la vie.

VAUVENARGUES.

L'air d'innocence qu'on remarque sur le visage des convalescents vient de ce que les passions se sont reposées et n'ont pas encore repris leur empire.

JOUBERT.

La maladie se sent : la santé peu ou point; ny les choses qui nous oignent aux prix de celles qui nous poignent.

MONTAIGNE.

Nous sentons vivement la piqûre qui nous effleure à peine, et nous ne sommes pas sensible au plaisir de la santé. L'homme se félicite de n'avoir ni la pleurésie ni la goutte; mais à peine sait-il qu'il est sain et plein de vigueur.

La Boétie.

Tout le monde empiète sur un malade : prêtres, médecins, domestiques, étrangers, amis; et il n'y a pas jusqu'à sa garde qui ne se croie en droit de le gouverner.

Vauvenargues.

L'on s'insinue auprès de tous les hommes, ou en les flattant dans les passions qui occupent leur âme, ou en compatissant aux infirmités qui affligent leur corps. En cela seul consistent les soins que l'on peut leur rendre : de là vient que celui qui se porte bien, et qui désire peu de chose, est moins facile à gouverner.

La Bruyère.

Tibere disoit, que quiconque avoit vescu vingt ans, se debvoit respondre des choses qui luy estoient nuisibles ou salutaires, et se sçavoir conduire sans medecine.

Montaigne.

C'est une ennuyeuse maladie que de conserver sa santé par un trop grand régime.

La Rochefoucauld.

La tempérance et le travail sont les deux vrais médecins de l'homme : le travail aiguise son appétit, et la tempérance l'empêche d'en abuser.

J. J. Rousseau.

L'exemple de la chasteté d'Alexandre n'a pas tant fait de continents que celui de son ivrognerie a fait d'intempérants. On n'a pas de honte de n'être pas aussi vicieux que lui. On croit n'être pas tout à fait dans les vices du commun des hommes quand on se voit dans les vices de ces grands hommes. On tient à eux par le bout par où ils tiennent au peuple. Quelque élevés qu'ils soient, ils sont unis au reste des hommes par quelque endroit. Ils ne sont pas suspendus en l'air, et séparés de notre société ; s'ils sont plus grands que nous, c'est qu'ils ont les pieds aussi bas que les nôtres. Ils sont tous à même niveau, et s'appuient sur la même terre, et par cette extrémité ils sont aussi abaissés que nous, que les enfants, que les bêtes.

Pascal.

Les repas du soir sont la joie de la journée ; les festins du matin sont une débauche. Je hais les chants du déjeuner.

Joubert.

Il est certain que nostre apprehension, nostre jugement, et les facultés de nostre ame, en general, souffrent selon les mouvements et alterations du corps, lesquelles alterations sont continuelles : n'avons-nous pas l'esprit plus esveillé, la memoire plus prompte, le discours plus vif en santé qu'en maladie ? la joye et la gayeté ne nous font-elles pas recevoir les sujects qui se presentent à nostre ame, de tout aultre visage que les chagrins et la melancholie ?

Montaigne.

## LA VIEILLESSE

Peu de gens savent être vieux.

La Rochefoucauld.

Les défauts de l'esprit augmentent en vieillissant, comme ceux du visage.

La Rochefoucauld.

Les conseils de la vieillesse éclairent sans échauffer, comme le soleil de l'hiver.

Vauvenargues.

Les vieillards aiment à donner de bons préceptes, pour se consoler de n'être plus en état de donner de mauvais exemples.
La Rochefoucauld.

Un vieillard qui a vécu à la cour, qui a un grand sens et une mémoire fidèle, est un trésor inestimable : il est plein de faits et de maximes : l'on y trouve l'histoire du siècle, revêtue de circonstances très-curieuses, et qui ne se lisent nulle part : l'on y apprend des règles pour la conduite et pour les mœurs, qui sont toujours sûres, parce qu'elles sont fondées sur l'expérience.
La Bruyère.

L'honnêteté, les égards et la politesse des personnes avancées en âge de l'un et de l'autre sexe me donnent bonne opinion de ce qu'on appelle le vieux temps.
La Bruyère.

On tire peu de services des vieillards, parce que la plupart, occupés de vivre et d'amasser, sont désintéressés sur tout le reste.
Vauvenargues.

En avançant dans la vie, bien souvent, lorsqu'on paraît bonhomme on est faux, et lorsqu'on paraît caustique, on est bon.
Sainte-Beuve.

# LA VIEILLESSE.

En vieillissant quand les passions sont amorties ou impuissantes, quand on n'a plus à commettre ses fautes ou ses crimes, on redevient bon, ou on a l'air de l'être ; on a même l'air de l'avoir toujours été.

Sainte-Beuve.

On ne pleure jamais tant que dans l'âge des espérances ; mais quand on n'a plus d'espoir, on voit tout d'un œil sec, et le calme naît de l'impuissance.

Rivarol.

Il n'y a d'heureux par la vieillesse que le vieux prêtre et ceux qui lui ressemblent.

Joubert.

Ne pas savoir se créer une occupation sérieuse lorsque la vieillesse commence, c'est vouloir mourir d'une mort anticipée.

Madame de Tracy.

Voulez-vous voir à quel point chaque état de la société corrompt les hommes ? Examinez ce qu'ils sont, quand ils en ont éprouvé plus longtemps l'influence, c'est-à-dire dans la vieillesse. Voyez ce que c'est qu'un vieux courtisan, un vieux prêtre, un vieux juge, un vieux procureur, un vieux chirurgien, etc.

Chamfort.

Dans l'âge mûr, on arrive naturellement à être moins superficiel, mais, en même temps, il devient plus difficile d'être léger.

Sainte-Beuve.

La vie est un sommeil. Les vieillards sont ceux dont le sommeil a été plus long; ils ne commencent à se réveiller que quand il faut mourir. S'ils repassent alors sur tout le cours de leurs années, ils ne trouvent souvent ni vertus ni actions louables qui les distinguent les unes des autres; ils confondent leurs différents âges; ils n'y voient rien qui marque assez pour mesurer le temps qu'ils ont vécu. Ils ont eu un songe confus, informe et sans aucune suite; ils sentent néanmoins, comme ceux qui s'éveillent, qu'ils ont dormi longtemps.

La Bruyère.

Qui veid jamais vieillesse qui ne louast le temps passé et ne blamast le present, chargeant le monde et les mœurs des hommes de sa misere et de son chagrin?

Montaigne.

Le souvenir de la jeunesse est tendre dans les vieillards : ils aiment les lieux où ils l'ont passée : les personnes qu'ils ont commencé de connaître dans ce temps leur sont chères : ils affectent quelques mots du premier langage qu'ils ont parlé : ils tiennent pour l'ancienne manière de chanter, et pour la vieille danse : ils vantent les modes qui régnaient alors dans les habits, les meubles et les équipages : ils ne peuvent encore désapprouver des choses qui servaient à leurs passions, qui étaient si utiles à leurs plaisirs, et qui en rappellent la mémoire. Comment pourraient-ils leur préférer de nouveaux usages, et des modes toutes récentes où ils n'ont nulle part, dont ils n'espèrent rien, que les jeunes gens ont faites, et dont ils tirent à leur tour de si grands avantages contre la vieillesse ?

La Bruyère.

L'âge mûr, qui diminue la vivacité des passions, augmente la force des habitudes.

Madame Necker.

La jeunesse change ses goûts par l'ardeur du sang, et la vieillesse conserve les siens par l'accoutumance.

La Rochefoucauld.

Deux choses peuvent à peine remplacer, dans la vieillesse, les talents et les agréments : la réputation ou les richesses.

Vauvenargues.

Quand je vois les chutes, les déviations, les démences ou les abjections qui ont lieu chez tant d'hommes distingués après quarante ans, je me dis : C'est la jeunesse encore, qui, malgré ses fougues et ses promptitudes, est sérieuse et sensée : c'est la seconde partie de la vie qui se fait égarée et légère.

Sainte-Beuve.

Les passions des jeunes gens sont des vices dans la vieillesse.

Joubert.

Quand on a passé le milieu de la vie, les pertes sont irréparables.

J. de Maistre.

Les jeunes gens, à cause des passions qui les amusent, s'accommodent mieux de la solitude que les vieillards.

La Bruyère.

Dans la vieillesse de l'amour comme dans celle de l'âge, on vit encore pour les maux, mais on ne vit plus pour les plaisirs.

La Rochefoucauld.

## LA VIEILLESSE.

C'est une grande difformité dans la nature qu'un vieillard amoureux.

La Bruyère.

Le plus dangereux ridicule des vieilles personnes qui ont été aimables, c'est d'oublier qu'elles ne le sont plus.

La Rochefoucauld.

Les jeunes femmes qui ne veulent point paraître coquettes, et les hommes d'un âge avancé qui ne veulent pas être ridicules, ne doivent jamais parler de l'amour comme d'une chose où ils puissent avoir part.

La Rochefoucauld.

La vieillesse est un tyran qui défend sous peine de la vie tous les plaisirs de la jeunesse.

La Rochefoucauld.

Beaucoup de ces passions singulières et bizarres, où la sensibilité s'abuse, ne sont souvent aussi que des revanches de la nature, qui nous punit de n'avoir pas fait les choses simples en leur saison.

Sainte-Beuve.

Le bonheur ou le malheur de la vieillesse n'est souvent que l'extrait de notre vie passée.

Mme Necker.

En vieillissant, on devient plus fou et plus sage.

La Rochefoucauld.

Les vieux fous sont plus fous que les jeunes.

La Rochefoucauld.

N'aimer plus que les belles femmes et supporter les méchants livres : signes de décadence.

Joubert.

Pourriez-vous me dire pourquoi il y a de beaux vieillards et point de belles vieilles ?

Diderot.

La laideur d'une vieillesse advouée est moins vieille et moins laide à mon gré, qu'un'aultre peincte et lissée.

Montaigne.

Une trop grande négligence comme une excessive parure dans les vieillards multiplient leurs rides et font mieux voir leur caducité.

La Bruyère.

Quand on devient vieux, il faut se parer.

Vauvenargues.

Il y a dans les vêtements propres et frais une sorte de jeunesse dont la vieillesse doit s'entourer.

JOUBERT.

Peu de gens se souviennent d'avoir été jeunes, et combien il leur était difficile d'être chastes et tempérants! La première chose qui arrive aux hommes après avoir renoncé aux plaisirs, ou par bienséance, ou par lassitude ou par régime, c'est de les condamner dans les autres. Il entre dans cette conduite une sorte d'attachement pour les choses mêmes que l'on vient de quitter : l'on aimerait qu'un bien qui n'est plus pour nous ne fût plus aussi pour le reste du monde : c'est un sentiment de jalousie.

LA BRUYÈRE.

Nous appelons sagesse la difficulté de nos humeurs, le desgoust des choses presentes; mais, à la verité, nous ne quittons pas tant les vices, comme nous les changeons, et, à mon opinion, en pis : outre une sotte et caducque fierté, un babil ennuyeux, ces humeurs espineuses et inassociables, et la superstition, et un soing ridicule des richesses, lorsque l'usage en est perdu, j'y treuve plus d'envie, d'injustice et de malignité; elle nous attache plus de rides en l'esprit qu'au visage; et ne se veoient point d'ames, ou fort rares, qui en vieillissant ne sentent l'aigre et le moisi.

MONTAIGNE.

Il est des hommes qui mènent un tel deuil dans leur cœur de la perte de la jeunesse, que leur amabilité n'y survit pas.

SAINTE-BEUVE.

Un vieillard est fier, dédaigneux, et d'un commerce difficile, s'il n'a beaucoup d'esprit.

LA BRUYÈRE.

Quand je pourrois me faire craindre, j'aimerois encore mieulx me faire aimer : il y a tant de sortes de defaults en la vieillesse, tant d'impuissance, elle est si propre au mespris, que le meilleur acquist qu'elle puisse faire, c'est l'affection et l'amour des siens : le commandement et la crainte, ce ne sont plus ses armes.

MONTAIGNE.

## LA MORT

La mort est plus aisée à supporter sans y penser, que la pensée de la mort sans péril.

PASCAL.

La mort n'arrive qu'une fois, et se fait sentir à tous les moments de la vie; il est plus dur de l'appréhender que de la souffrir.

LA BRUYÈRE.

Le soleil et la mort ne se peuvent regarder fixement.

LA ROCHEFOUCAULD.

Combien de gens meurent avant d'avoir fait le tour d'eux-mêmes !

SAINTE-BEUVE.

La mort qui prévient la caducité arrive plus à propos que celle qui la termine.

LA BRUYÈRE.

Une longue maladie semble être placée entre la vie et la mort, afin que la mort même devienne un soulagement et à ceux qui meurent et à ceux qui restent.

La Bruyère.

La fermeté ou la faiblesse de la mort dépend de la dernière maladie.

Vauvenargues.

Il faut vouloir vivre et savoir mourir.

Napoléon I$^{er}$.

Tout homme craint de mourir, c'est la grande loi des êtres sensibles, sans laquelle toute espèce mortelle serait bientôt détruite.

J. J. Rousseau.

Nous troublons la vie par le soing de la mort, et la mort par le soing de la vie : l'une nous ennuye; l'autre nous effraye.

Montaigne.

Si on aime la vie, on craint la mort.

Vauvenargues.

Peu de gens connaissent la mort ; on ne la souffre pas

ordinairement par résolution, mais par stupidité et par coutume; et la plupart des hommes meurent parce qu'on ne peut s'empêcher de mourir.

La Rochefoucauld.

Recueillez-vous ; vous trouverez en vous les arguments de la nature contre la mort vrays, et les plus propres à vous servir à la necessité : ce sont ceulx qui font mourir un païsan, et des peuples entiers, aussi constamment qu'un philosophe.

Montaigne.

On n'a d'attachement à la vie d'autrui que dans la mesure de l'attachement qu'on a à la sienne, et on n'est attaché à la vie qu'en proportion des plaisirs qu'elle nous procure. J'entends à présent pourquoi les paysans meurent tranquillement et voient mourir les autres stupidement.

L'abbé Galiani.

La première loi de résignation nous vient de la nature. Les sauvages, ainsi que les bêtes, se débattent fort peu contre la mort et l'endurent presque sans se plaindre.

J. J. Rousseau.

Nous nous inquiétons plus de notre vie, à mesure qu'elle perd de son prix. Les vieillards la regrettent plus que les jeunes gens, ils ne veulent pas perdre les apprêts qu'ils ont faits pour en jouir; à soixante ans, il est bien cruel de mourir avant d'avoir commencé à vivre.

J. J. Rousseau.

Les haines sont si longues et si opiniâtres, que le plus grand signe de mort dans un homme malade, c'est la réconciliation.

La Bruyère.

Le caractère de celui qui veut hériter de quelqu'un rentre dans celui du complaisant : nous ne sommes point mieux flattés, mieux obéis, plus suivis, plus entourés, plus cultivés, plus ménagés, plus caressés de personne pendant notre vie, que de celui qui croit gagner à notre mort, et qui désire qu'elle arrive.

La Bruyère.

La pompe des enterrements intéresse plus la vanité des vivants que la mémoire des morts.

La Rochefoucauld.

La mort subite qui, dans l'antiquité, était le vœu et faisait l'envie du sage, est l'horreur et l'épouvante du chrétien.

Sainte-Beuve.

Voila pourquoy Cesar, quand on luy demandoit quelle mort il trouvoit la plus souhaitable : « La moins premeditée, respondit-il, et la plus courte. » Si César l'a osé dire, ce ne m'est plus lascheté de le croire. « Une mort courte, dict Pline, est le souverain heur de la vie humaine. »

Montaigne.

FIN.

# TABLE DES MATIÈRES

|  | Pages. |
|---|---|
| Préface | 1 |
| **MAXIMES GÉNÉRALES** | 1 |
| La Vie | 3 |
| La Morale | 7 |
| Le Bonheur | 10 |
| **LE CŒUR** | 17 |
| Les Passions | 20 |
| La Religion | 24 |
| L'Amitié | 30 |
| L'Amour | 39 |
| La Haine | 57 |
| La Jalousie | 61 |
| La Bonté | 63 |
| La Bienfaisance | 67 |
| La Douleur | 71 |

# TABLE DES MATIÈRES.

Pages.

## L'INTELLIGENCE 75

L'Esprit. . . . . . . . . . . . . . . . . 84
Le Génie. . . . . . . . . . . . . . . . . 93
La Philosophie. . . . . . . . . . . . . 94
Les Lettres. . . . . . . . . . . . . . . 97
L'Art. . . . . . . . . . . . . . . . . . 107
L'Éloquence. . . . . . . . . . . . . . 111
La Science. . . . . . . . . . . . . . . 114

## L'ACTIVITÉ 118

L'Intérêt. . . . . . . . . . . . . . . . 122
L'Ambition. . . . . . . . . . . . . . . 125
Le Succès. . . . . . . . . . . . . . . 128
La Paresse. . . . . . . . . . . . . . . 136

## L'HOMME 141

L'Amour-propre. . . . . . . . . . . . 144
Le Caractère. . . . . . . . . . . . . 149
L'Humeur. . . . . . . . . . . . . . . 154
La Vertu. . . . . . . . . . . . . . . . 161
Les Illusions. . . . . . . . . . . . . . 171
La Vanité. . . . . . . . . . . . . . . 174

## TABLE DES MATIÈRES.

Pages.

### LA FEMME — 180

Son Cœur. . . . . . . . . . . . . . . . . 185
Son Esprit. . . . . . . . . . . . . . . . 189
Sa Morale. . . . . . . . . . . . . . . . 196

### L'ENFANT — 205

L'Éducation. . . . . . . . . . . . . . . 213
La Jeunesse. . . . . . . . . . . . . . . 223

### LA FAMILLE — 228

Le Mariage. . . . . . . . . . . . . . . . 232

### LE MONDE — 240

L'Opinion . . . . . . . . . . . . . . . . 246
La Mode. . . . . . . . . . . . . . . . . 255
La Conversation. . . . . . . . . . . . . 259
La Politesse. . . . . . . . . . . . . . . 263
Le Tact. . . . . . . . . . . . . . . . . 268
La Timidité. . . . . . . . . . . . . . . 272
La Sincérité. . . . . . . . . . . . . . . 276

|                              | Pages. |
| --- | --- |
| La Flatterie                 | 283 |
| La Finesse                   | 286 |
| L'Envie                      | 288 |
| Le Mépris                    | 290 |
| L'Ennui                      | 292 |

## L'ÉTAT — 295

|                              |     |
| --- | --- |
| La Justice                   | 298 |
| Le Gouvernement              | 304 |
| La Politique                 | 312 |
| La Démocratie                | 319 |
| La Révolution                | 326 |
| La Guerre                    | 329 |

## LA SOCIÉTÉ — 335

|                              |     |
| --- | --- |
| Les Conditions sociales      | 340 |
| Le Socialisme                | 346 |

## LA FORTUNE — 351

|                              |     |
| --- | --- |
| Les Richesses                | 354 |
| La Médiocrité                | 360 |
| La Pauvreté                  | 362 |

## TABLE DES MATIÈRES.

|  | Pages. |
|---|---|
| L'Avarice. | 366 |
| Le Jeu. | 368 |

### LE CORPS — 372

| | |
|---|---|
| La Santé. | 375 |
| La Vieillesse. | 379 |
| La Mort. | 389 |

FIN DE LA TABLE DES MATIÈRES.